国家级职业教育规划教材

全国中等职业学校会计专业教材

（第2版）

会计基本技能

人力资源社会保障部教材办公室 组织编写

史春光 主编

中国劳动社会保障出版社

简　介

本教材为国家级职业教育规划教材，主要内容包括：财经数字书写技能、现钞与电子货币应用技能、会计办公设备操作技能、常见票证的认知及填制技能、会计资料的整理与保管技能、外币使用技能等。教材文字简练、内容实用，以知识讲解为主，辅以图片和表格，每章配有练习题，帮助学生巩固所学内容。

本教材由史春光任主编，王真真任副主编，赵颖、张风帆参加编写，孙璇任主审。

图书在版编目（CIP）数据

会计基本技能 / 史春光主编．-- 2 版．-- 北京：中国劳动社会保障出版社，2018
全国中等职业学校会计专业教材
ISBN 978-7-5167-3685-2

Ⅰ.①会…　Ⅱ.①史…　Ⅲ.①会计学－中等专业学校－教材　Ⅳ.① F230

中国版本图书馆 CIP 数据核字（2018）第 225982 号

中国劳动社会保障出版社出版发行
（北京市惠新东街 1 号　邮政编码：100029）

*

北京市艺辉印刷有限公司印刷装订　新华书店经销
787 毫米 ×1092 毫米　16 开本　7.75 印张　130 千字
2018 年 11 月第 2 版　2023 年 12 月第 7 次印刷
定价：18.00 元

营销中心电话：400-606-6496
出版社网址：http://www.class.com.cn
http://jg.class.com.cn

前　言

全国中等职业学校会计专业教材自出版以来，在学校教学中发挥了重要作用。近年来随着会计行业的发展变化，企业对从业人员的知识水平和职业能力提出了更高的要求。为适应这一变化，满足学校培养人才的需求，我们组织一批教学经验丰富、实践能力强的教师与行业、企业专家，在充分调研的基础上，对现有教材进行了修订。

本次教材修订工作的重点主要体现在以下几个方面：

◆ 更新教材内容。根据近年来会计政策和法规的变化，调整、更新了企业会计准则以及增值税、营业税等税收法规的内容；补充了会计理论的最新知识，强调了互联网时代在会计记账、核算、报税过程中对新技术和新设备的应用；完善了最新会计软件的操作方法，使得教材内容更加具有前瞻性，符合时代发展特点。

◆ 强化职业技能和职业素质培养。教材进一步加大技能训练的比重，在涉及到记账、出纳、成本核算、纳税等主要会计技能的教材中，更多地加入实践题例和操作指导，方便教师开展一体化教学。同时，将与会计行业相关的职业道德、职业操守等内容融入到教学知识、课堂问答、课后训练等各环节，以加强对学生职业素质的培养。

◆ 提升教材表现力。通过设置案例分析、知识链接、能力提示等不同栏目，增加教材的亲和力，激发学生的学习兴趣。同时，尽可能多地以图表代替冗长的文字叙述，使教材更加生动，易于学习。

◆ 加强立体化资源建设。习题册修订和教材修订同步进行，同时补充开发配套的电子课件。习题册答案及电子课件可登录 zyjy.class.com.cn，搜索相应的书目，在相关资源中下载。

本套教材的编写得到了有关学校的大力支持，教材的编审人员做了大量的工作，在此，我们表示衷心的感谢！同时，恳切希望广大读者对教材提出宝贵的意见和建议。

人力资源社会保障部教材办公室

目 录

CONTENTS

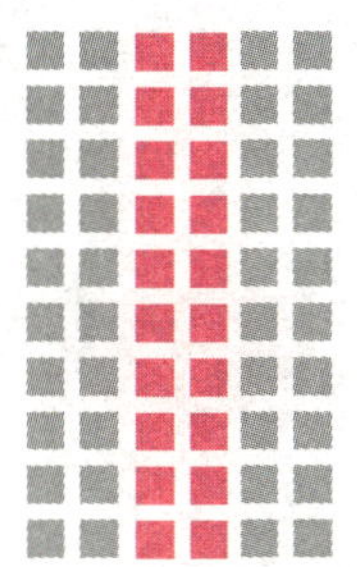

第一章
财经数字书写技能

学习目标

- 掌握阿拉伯数字的书写规范
- 掌握小写金额的书写规范
- 掌握中文大写数字的书写规范
- 掌握中文大写金额的书写规范
- 掌握票据日期的中文大写书写要求

第一节　阿拉伯数字的书写

在会计实务中，数字书写必须规范、准确、清晰，不规范的数字书写会给企业带来不必要的损失，因此，掌握财经数字书写技能对从事会计工作具有重要意义。

一、阿拉伯数字的书写规范

1. 阿拉伯数字书写时要求字迹工整，应当一个一个地写，不得连笔写，排列要整齐，数字与底线的倾斜度一般在 45 ~ 60 度左右。

2. 书写时要贴紧底线，且不能顶格书写。书写有高度标准，一般要求数字的高度占横格高度的 1/2 为宜。

3. 数字间的空隙约半个数字大小，保持均衡的间距，不宜过大。

4. 除“4”“5”以外的数字，必须一笔写成，不能人为地增加数字的笔画。

5. 在书写规范的前提下，要保持个人的书写规律和特色，防止被模仿或涂改。其中，“1”应居中写并不可写得过短，以防被改为“4”“6”“7”“9”；“2”的底部上绕，以免被改为“3”；“4”的顶部不封口，写第 1 笔画时应上抵中线，下至下半格的 1/4 处；“6”的竖划应偏左，“4”“7”“9”的竖划应偏右，此外“6”的竖划应比一般数字上提 1/4 高度；“7”“9”的竖划可下拉出格至一般数字的 1/4 高度；书写“6”时下圆要明显，以防止被改写为“8”；书写“8”时，上边要稍小，下边要稍大，防止将“3”改为“8”。

手写体阿拉伯数字的书写规范如图 1—1 所示。

图 1—1　手写体阿拉伯数字的书写规范

知识链接

阿拉伯数字的诞生

约公元300年，一位印度科学家发明了1、2、3这三个数字，印度古鲁人在此基础上发明了4、5、6、7、8、9、0这七个数字。公元771年，阿拉伯军队攻占了印度北部，将一些科学家带入巴格达，从此阿拉伯人掌握了0、1、2、3、4、5、6、7、8、9这十个数字，并通过贸易将其传到了全世界。因为是阿拉伯人将这十个数字推广开来的，所以称之为阿拉伯数字，也是现今国际通用数字。

二、小写金额的书写规范

1. 用阿拉伯数字书写金额时，数字前面应当书写货币币种或者币种符号。币种符号与数字之间不得留有空白，以防止金额数字被人涂改。凡数字前写有币种符号的，数字后面不再写货币单位。例如，人民币符号用“¥”表示，所以，小写金额前写人民币符号“¥”之后，金额后面不再写“元”字。小写金额书写正误举例见表1—1。

表1—1　　小写金额书写正误举例

书写要求	正确写法	错误写法
币种符号与数字之间不得留有空白	¥690.00	¥　690.00
数字前写有币种符号的，数字后面不再写货币单位	¥820.00	¥820.00元

2. 所有以“元”为单位的阿拉伯数字，除表示单价等情况外，一律要求金额书写到分为止，即小数点后两位，对分以下需要进行四舍五入。无角分的，角位和分位可写“00”或“—”；有角无分的，分位应当写“0”，不得以符号“—”代替。有小数点的小写金额书写正误举例见表1—2。

表1—2　　有小数点的小写金额书写正误举例

书写要求	正确写法	错误写法
金额无角分的	¥500.00或¥500.—	¥500
金额有角无分的	¥740.80	¥740.8—

一般凭证和账簿的金额处都印有数位线，书写有数位线的数字时，需按照顺序逐格书写。有数位线数字的正误写法见表 1—3 和表 1—4。

表 1—3　有数位线数字的正确写法

正确写法							
十	万	千	百	十	元	角	分
		4	0	0	0	0	0
		4	0	0	0	—	—
			2	0	0	5	0

表 1—4　有数位线数字的错误写法

错误写法							
十	万	千	百	十	元	角	分
		4	0	0	0		
			2	0	0	5	
			2	0	0	5	—

3. 金额的整数部分，可以从小数点向左按照“三位一节”原则用分位点“,”分开或加 1/4 空分开。例如，￥856 320.20 可以写成 ￥856,320.20 或 ￥856 320.20。

4. 小写金额写错需要更正时，应采用划线更正法进行更正，即把错误数字全部用单红线注销，再在其上方写上正确的数字，然后加盖订正人员的印章，以明确责任。不得任意使用刀刮、皮擦、涂改、挖补等方式修改，更不得使用涂改液等药水销蚀，以保证数字的真实性和明确经济责任。小写金额错误的正误订正方法如图 1—2、图 1—3 所示。

明细分类账

借方													贷方											
十	亿	千	百	十	万	千	百	十	元	角	分	√	十	亿	千	百	十	万	千	百	十	元	角	分
						1	3	8	4	0	0													
						~~1~~	~~3~~	~~4~~	~~8~~	~~0~~	~~0~~													

王真真

图 1—2　小写金额错误的正确订正方法

明细分类账

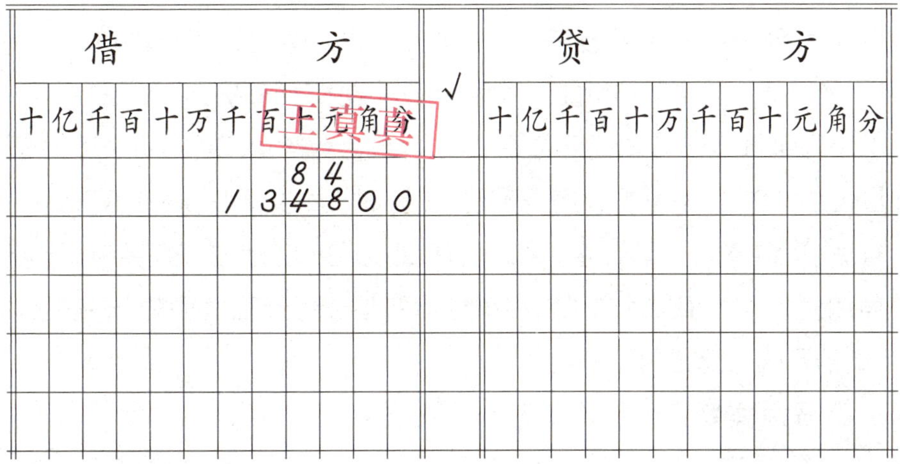

图 1—3　小写金额错误的错误订正方法

第二节　中文大写数字的书写

一、中文大写数字的书写规范

中文大写数字主要用于支票、传票、收据、发票等重要票据，中文大写数字庄重、笔画繁多、可防篡改，有利于避免产生混淆和造成经济损失。

中文大写由数字和数位两部分组成，两者缺一不可。数字包括零、壹、贰、叁、肆、伍、陆、柒、捌、玖；数位包括拾、佰、仟、万、亿、兆、元（圆）、角、分等。数字和数位要规范用字，一律用正楷或行书体书写，不得用简化字代替，以防篡改，也不可自造字。

二、中文大写金额的书写规范

中文大写金额前未加货币名称的，应当填加“人民币”字样，并且与第一个大写数字之间不能留有空格，数字之间也不能留有空白，写数与读数顺序要一致。

1. “零”字的用法

（1）小写金额数字中间有“0”时，中文大写金额也要写“零”字，如￥4,205.85 应写成“人民币肆仟贰佰零伍元捌角伍分”。

（2）小写金额数字中间连续有几个“0”时，中文大写金额可以只写一个“零”字，如￥5,002.45 应写成“人民币伍仟零贰元肆角伍分”。

（3）小写金额数字万位或元位是“0”，或者数字中间连续有几个“0”，万位、元位也是“0”，但千位、角位不是“0”时，中文大写金额中可以只写一个“零”字，也可以不写“零”字，如￥204,000.68 应写成“人民币贰拾万肆仟元零陆角捌分”，也可以写成“人民币贰拾万零肆仟元陆角捌分”，还可以写成“人民币贰拾万肆仟元陆角捌分”。

（4）小写金额数字角位是“0”，而分位不是“0”，中文大写金额“元”后面应写“零”字，如￥714.08 应写成“人民币柒佰壹拾肆元零捌分”，￥20,703.05 应写成“人民币贰万零柒佰零叁元零伍分”。

2. “整”或“正”字的用法

（1）中文大写金额到“元”或“角”位的，应当写“整”或“正”字，如￥720.00 应写成“人民币柒佰贰拾元整”，￥862.90 应写成“人民币捌佰陆拾贰元玖角整”。

（2）中文大写金额到“分”位的，不写“整”或“正”字，如￥8,561.43 应写成“人民币捌仟伍佰陆拾壹元肆角叁分”。

3. “壹”字的用法

当小写金额数字首位是“1”时，中文大写金额前面必须写上“壹”字，如￥160,000.50 应写成“人民币壹拾陆万元伍角整”。

中文大写金额书写正误举例见表 1—5。

表 1—5　　中文大写金额书写正误举例

数字金额	正确写法	错误写法
￥856.00	人民币捌佰伍拾陆元整	人民币八佰五十六元整
￥780.00	人民币柒佰捌拾元整	人民币　　柒佰捌拾元整
￥621.02	人民币陆佰贰拾壹元零贰分	人民币陆佰贰拾壹元零贰分整

续表

数字金额	正确写法	错误写法
¥4,006.00	人民币肆仟零陆元整	人民币肆仟陆元整
¥120,000.00	人民币壹拾贰万元整	人民币拾贰万元整

4. 填空式大写金额数字的书写方法

在原始凭证大写金额栏内已预印好固定的金额单位，并设计好空格的，只需将金额数字填入相应的空格即可。如果大写金额数字前留有空格，需用“ⓧ”或“零”占位，以防篡改；角分位无金额的，需写“零”字补齐。填空式大写金额数字的书写方法举例如图 1—4 所示。

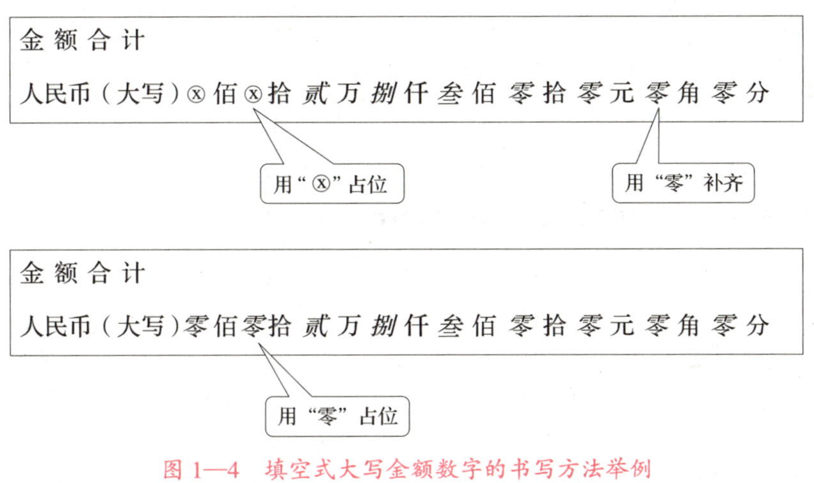

图 1—4 填空式大写金额数字的书写方法举例

三、票据日期的中文大写书写要求

在会计工作中，经常要填写支票、汇票和本票，这些票据的出票日期必须使用中文大写书写。为防止变造票据的出票日期，在填写月、日时，月为壹、贰和壹拾的，日为壹至玖和壹拾、贰拾、叁拾的，应在其前面加“零”；日为拾壹至拾玖的，应在其前面加“壹”。票据日期的中文大写正误举例见表 1—6。

表 1—6 票据日期的中文大写正误举例

日期	正确写法	错误写法
1 月 15 日	零壹月壹拾伍日	壹月拾伍日
10 月 30 日	零壹拾月零叁拾日	拾月叁拾日
5 月 8 日	伍月零捌日	伍月捌日

练习题

一、单选题

1. 票据的出票日期必须使用（　　）。

A. 中文大写　　B. 英文大写　　C. 小写　　D. 都可以

2. 下列关于￥1,000.04中文大写的写法中，正确的是（　　）。

A. 人民币壹仟元零肆分　　B. 人民币壹仟元肆分

C. 人民币壹仟元零零零零肆分　　D. 人民币壹仟元肆分整

3. 支票日期2018年6月30日的正确写法是（　　）。

A. 贰零壹捌年陆月叁拾日　　B. 贰仟零壹拾捌年六月叁拾日

C. 贰零壹捌年陆月零叁拾日　　D. 二〇一八年六月三十日

4. 人民币叁佰元整在支票上的小写写法是（　　）。

A. 300　　B. 300.00

C. ￥300　　D. ￥300.00

5. 金额为1分，用阿拉伯数字书写应该为（　　）。

A. 0.1　　B. 0.01　　C. ￥0.01分　　D. ￥0.01

二、多选题

1. 在书写（　　）时，应使用中文大写数字。

A. 支票　　B. 收据　　C. 发票　　D. 汇票

2. 下列关于人民币金额的写法有错误的是（　　）。

A. 人民币：伍佰元　　B. ￥五百元整

C. ￥500.00　　D. 人民币伍佰元整

3. 小写金额数字元位是“0”，或者数字中间连续有几个“0”，元位也是“0”，但角位不是“0”时，中文大写金额可以（　　）。

A. 只写一个“零”字

B. 不写“零”字

C. 有多少个“0”写多少个“零”字

D. 以上说法均不正确

三、判断题

1. 数字书写时要贴紧底线，且不能顶格书写。一般要求高度占横格高度的

1/2 为宜。（　　）

2．小写金额在书写时，有角无分的，分位应当写“0”，或者以符号“—”代替。（　　）

3．中文大写金额到“角”为止的，可以在“角”之后写“整”或“正”字，也可以不写。（　　）

4．￥120,500.00 应写成“人民币拾贰万零伍佰元整”。（　　）

5．币种符号与数字之间不得留有空白，以防止金额数字被人涂改。（　　）

四、技能练习

1．将表 1—7 中的小写金额对照书写出大写金额。

表 1—7　　大小写金额书写对照表

序号	小写金额	大写金额
1	￥4,500.00	
2	￥5,862.00	
3	￥9,561.25	
4	￥389,620.05	
5	￥78,200.40	
6	￥16.82	
7	￥520,006.28	
8	￥89,900.10	

2．将表 1—8 中的日期转换为中文大写。

表 1—8　　日期转换为中文大写对照表

序号	日期	中文大写
1	1 月 15 日	
2	6 月 20 日	
3	11 月 30 日	
4	2 月 7 日	

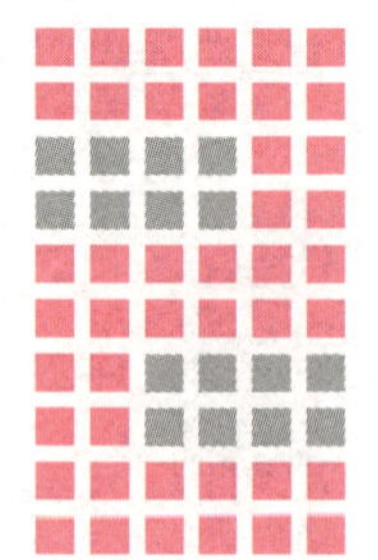

第二章

现钞与电子货币应用技能

学习目标

- 熟悉点钞的基本步骤和基本要求
- 掌握手持式单指单张点钞法和手持式多指多张点钞法
- 掌握扎把的方法
- 掌握人工鉴别人民币真伪的方法
- 了解电子货币的使用

第一节　手工点钞的基本要领和技术

点钞又称票币整点，是从事财会、金融、商品经营等工作的人员必须具备的基本技能。

一、点钞的基本步骤

点钞的基本步骤：拆把→点数→扎把→盖章。

拆把：把待点的成把钞票的腰条拆掉，做好点钞准备。

点数：点数时，手点钞，眼睛紧盯钞票，脑记数。做到手、眼、脑协调一致，点准一百张钞票。

扎把：把点准的一百张钞票墩齐，用腰条扎紧。不足一百张的在扎把腰条上写出实点数和金额。

盖章：在扎把腰条上加盖经办人名章，以明确责任。

二、点钞的基本要求

点钞的基本要求就是要做到“准”“快”“好”。“准”是指钞票清点不错不乱，准确无误。“快”是指在准的前提下，加快点钞速度，提高工作效率。“好”是指清点的钞票要符合“把钱捆好”的要求。为达到上述要求，应做到以下几点。

1. 坐姿端正

点钞时正确的坐姿是直腰挺胸，肌肉放松，双肘自然放在桌面上，持钞的左手手腕接触桌面，右手腕稍抬起。点钞的坐姿会直接影响点钞效率。点钞的正确坐姿如图 2—1 所示。

图 2—1　点钞的正确坐姿

2. 用品定位

点钞时使用的水盒、印泥、图章、腰条

等要按使用顺序固定好位置，以便点钞时使用顺手。用品定位如图 2—2 所示。

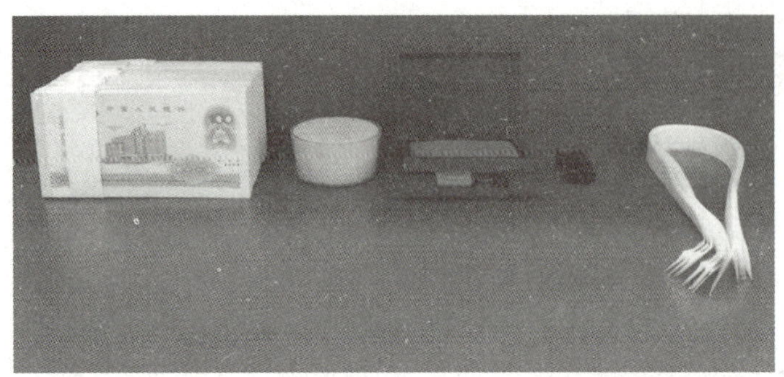

图 2—2 用品定位

3. 钞票墩齐

待清点的钞票必须清理整齐、平直，这是点准钞票的前提。同时，钞票点好后必须墩齐（四条边水平，不露头，卷角拉平）才能扎把。钞票墩齐如图 2—3 所示。

4. 开扇均匀

点钞前，要将票面打开成微扇形或坡形，使钞票有一个坡度，便于捻动。开扇均匀能够使每张钞票在捻钞过程中不易夹张。因此，扇面开得是否均匀，决定着点钞是否准确。开扇均匀如图 2—4 所示。

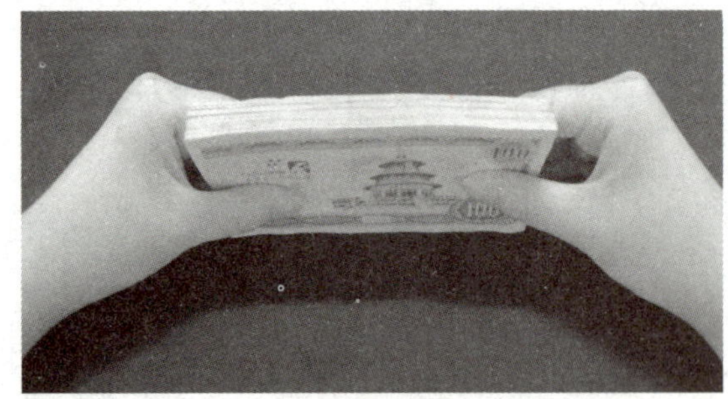

图 2—3 钞票墩齐

图 2—4 开扇均匀

5. 点数准确

清点和记数是点钞过程中的重要步骤，这两个方面要相互配合、协调一致。清点和记数的准确是点钞的基本要求，要想点数准确需要做到手、眼、脑紧密配合：一要精神集中，二要定型操作，三要手点、眼看、脑记。

6. 扎把捆紧

扎把应捆扎得整齐、结实。扎小把时，以提起把中第一张钞票不被抽出为准；当按“#”字形捆扎大捆时，以用力推不变形，抽不出钞票为准。通常一百张钞票捆扎成一把。扎把捆紧如图 2—5 所示。

图 2—5 扎把捆紧

7. 盖章清晰

腰条上的名章是分清责任的标志，每个人整点后都要在腰条上盖章，加盖图章要注意位置规范、图章清晰可辨。

8. 动作连贯

点钞时各个动作之间相互连贯是加快点钞速度的必要条件之一。点钞过程的各个环节（拆把、清点、墩齐、扎把、盖章）必须密切配合、环环相扣。例如，点完一百张钞票并墩齐后，应左手持钞，右手取扎把条，同时左手的钞票跟上去，迅速扎好小把，在右手放钞的同时，左手取另一把钞票准备清点，右手顺势沾水清点，使各环节紧密地衔接起来。

三、点钞的基本方法

按点钞的手段分类，点钞的基本方法可以分为手工点钞和机器点钞两种。在实际工作过程中，一般两种方法相互配合使用，以确保钞票清点准确无误。手工点钞就是人工点钞，根据持钞方法的不同，又可以分为手持式点钞法、手按式点钞法、扇面式点钞法三种。点钞的基本方法如图 2—6 所示。

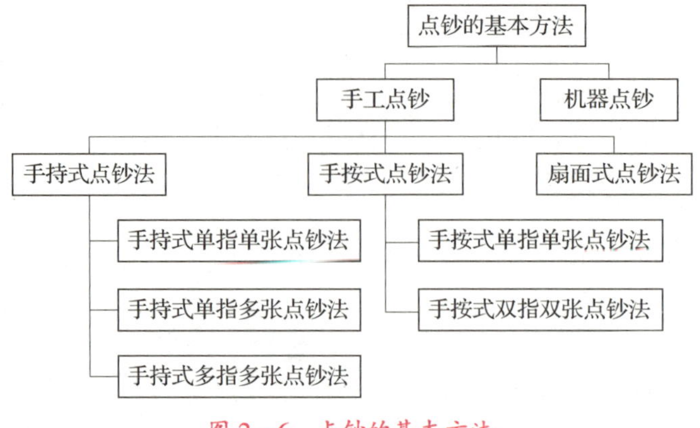

图 2—6 点钞的基本方法

1. 手持式点钞法

手持式点钞法是将钞票拿在手上进行点钞的一种方法。按指法不同，手持式点钞法可分为手持式单指单张点钞法、手持式单指多张点钞法和手持式多指多张点钞法三种。这里只介绍最常用的手持式单指单张点钞法和手持式多指多张点钞法。

（1）手持式单指单张点钞法

手持式单指单张点钞法是指用一个手指一次点一张的方法。这种方法是点钞中最基本也是最常用的一种方法。手持式单指单张点钞法具体操作方法如下：

1）持钞。左手横执钞票，手心向下，左手拇指在钞票正面左端约 1/4 处，食指与中指在钞票背面与拇指同时捏住钞票；左手无名指自然弯曲，捏起钞票后小指伸向钞票正面压住钞票左下方，与中指、无名指一起夹紧钞票，食指伸直，拇指向上移动，按住钞票侧面，将钞票压成瓦形；左手将钞票从桌面上擦过，拇指顺势将钞票向上翻成微开的扇形，同时，右手拇指、食指做点钞准备。手持式单指单张点钞法准备动作如图 2—7 所示。

图 2—7 手持式单指单张点钞法准备动作

2）清点。左手持钞并形成瓦形后，右手食指托住钞票背面右上角，用右手拇指指尖逐张向下捻动钞票右上角，捻动幅度要小，不要抬得过高。右手食指在钞票背面的右端配合拇指捻动，同时，右手的无名指将捻起的钞票向怀里弹，要注意轻点快弹。左手拇指按捏钞票不要过紧，要配合右手起自然助推的作用。手持式单指单张点钞法清点过程如图2—8所示。

图2—8　手持式单指单张点钞法清点过程

技能点拨

（1）右手拇指接触票面面积越小，速度越快。

（2）钞票的左下角在同一个点上，左手的中指、无名指夹紧钞票，食指的第二关节放在扎把平面上，防止散把。

（3）票面左侧推出的小扇面每张距离应均匀。

3）记数。记数与清点同时进行。在清点速度快的情况下，往往由于记数迟缓而影响点钞的效率，因此记数应当采用分组记数法。记数时应把10作1记，即按1、2、3、4、5、6、7、8、9、1（即10），1、2、3、4、5、6、7、8、9、2（即20的方法），以此类推，数到100。采用这种记数法记数既简单又快捷。但记数时应默记，不要念出声，做到脑、眼、手密切配合，以确保记数既准又快。

手持式单指单张点钞法的优点是使用范围较广，点钞频率较快，而且这种点钞方法由于持票面小，能看到票面的3/4，容易发现假钞票及残破钞票，适于在收款、付款和整点各种新旧大小钞票时使用。缺点是点一张记一个数，比较费力。

技能点拨

记数时嘴不能出声，也不能有读数的口型，必须用脑记。

（2）手持式多指多张点钞法

手持式多指多张点钞法是指点钞时用小指、无名指、中指、食指依次捻下一张钞票，一次清点四张钞票的方法，也叫四指四张点钞法。具体操作方法如下：

1）持票。左手持钞，中指在前，食指、无名指、小指在后，将钞票夹紧，四指同时弯曲将钞票轻压成瓦形，拇指在钞票的右上角外面，将钞票推成小扇面，然后手腕向里转，使钞票的右里角抬起，右手五指准备清点。手持式多指多张点钞法持票准备动作如图 2—9 所示。

图 2—9 手持式多指多张点钞法持票准备动作

2）清点。右手腕抬起，右手拇指贴在钞票的右里角，其余四指同时弯曲并拢，从小指开始每指捻动一张钞票，依次下滑四个手指，每一次下滑动作捻下四张钞票，循环操作，直至点完一百张。手持式多指多张点钞法清点过程如图 2—10 所示。

图 2—10 手持式多指多张点钞法清点过程

3）记数。采用分组记数法。每次点四张为一组，记满二十五组为一百张。

手持式多指多张点钞法的优点是速度快、易记数、劳动强度小且效率高，适用于收款、付款和整点工作，也是纸币复点中常用的一种方法。缺点是不利于点数的同时剔除残破钞票和辨别钞票的真伪。

2. 手按式点钞法

手按式点钞法有手按式单指单张点钞法和手按式双指双张点钞法两种，这里只介绍最常用的手按式单指单张点钞法。具体操作方法如下：

将钞票平放在桌子上，两肘自然放在桌面上。以钞票左端为顶点，与身体成45度角，左手小指、无名指按住钞票的左上角，用右手拇指托起右下角的部分钞票，用右手食指捻动钞票，每捻起一张，左手拇指即往上推动到食指、中指之间夹住，完成一次动作后再依次连续操作。在完成这些动作的同时，采用1、2、3……自然记数方法，边清点边记数，点数至一百张。

手按式点钞法的优点是简单易学，便于整点辅币及残破票多的钞票，但在速度上比手持式点钞法慢，劳动强度也大些，适用于收、付款业务的初、复点工作。

3. 扇面式点钞法

扇面式点钞法是指将钞票捻成扇面形进行清点的方法。具体操作方法如下：

（1）持钞

首先将钞票竖拿，左手拇指在票面前方下部约1/4处。食指、中指在票面后方同拇指一起捏住钞票，无名指和小指向手心弯曲。右手拇指在左手拇指的上端，用虎口从右侧卡住钞票形成瓦形，右手食指、中指、无名指、小指均横在钞票背面，做开扇准备。

（2）开扇

开扇是扇面点钞的一个重要环节，扇面要开得均匀，为点数打好基础、做好准备。开扇的方法如下：

以左手为轴，右手食指将钞票向胸前左下方压弯，然后再猛向右方闪动，同时右手拇指在票面前方向左上方推动钞票，右手食指、中指在票面后方用力向右捻动，左手拇指在钞票原位置向逆时针方向画弧捻动，左手食指、中指在票面后方用力向左上方捻动，直至将钞票推成扇面形。如有不均匀地方，可双手持钞抖动，使其均匀。

打扇面时，左右两手一定要配合协调，不要将钞票捏得过紧，如果点钞时采取一次按十张的方法，则扇面要开小些，以便于清点。

（3）点数

左手持扇面，右手中指、无名指、小指托住钞票背面，右手拇指在钞票右上角1厘米处，一次按下五张或十张，按下后用右手食指压住，拇指继续向前按第二次，以此类推。同时左手应随右手点数速度向内转动扇面，以迎合右手按动，直到点完一百张为止。扇面式点钞法如图 2—11 所示。

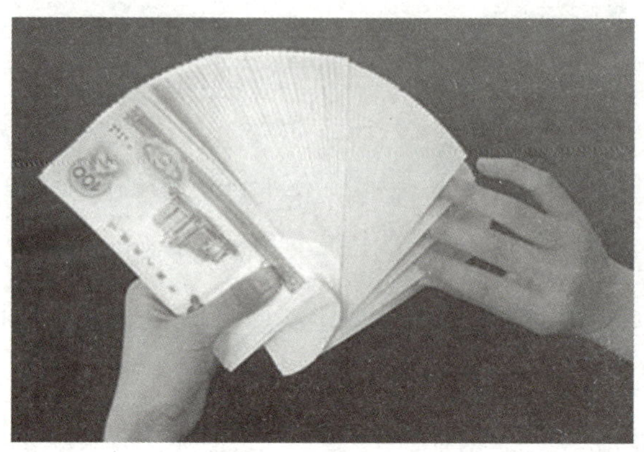

图 2—11 扇面式点钞法

（4）记数

采用分组记数法。一次按五张为一组，记满二十组为一百张；一次按十张为一组，记满十组为一百张。

（5）合扇

清点完毕合扇时，将左手向右倒，右手托住钞票右侧向左合拢，左右手指向中间一起用力，使钞票竖立在桌面上，两手松拢轻墩，把钞票墩齐，准备扎把。

扇面式点钞法的优点是速度快，是手工点钞中效率最高的一种。缺点是清点时不容易识别假票以及新、旧、破混合钞票，因此扇面式点钞法不适用于收、付款业务的初点工作，只适用于收、付款业务的复点工作，特别是对大批成捆钞票的内部整点作用较大。

四、扎把的方法

点钞完毕后需要对所点钞票进行扎把，通常是一百张钞票捆扎成一把。扎把应捆紧，以拎起一把钞票的第一张不松动、不会被抽出为捆紧标准。扎把捆紧标准如图 2—12 所示。

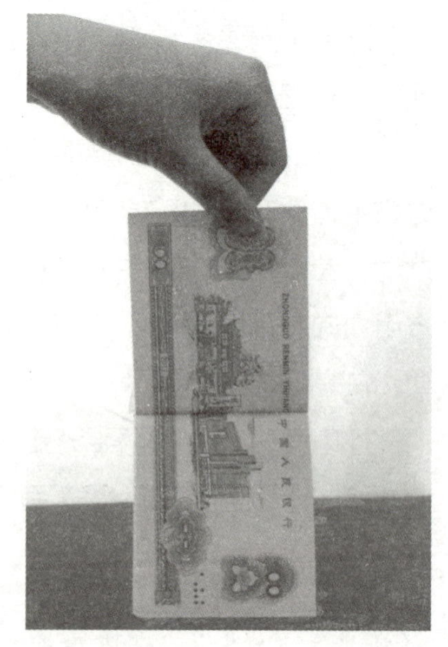

图 2—12 扎把捆紧标准

扎把的捆扎方法可以根据点钞人员的习惯和制度要求，采用缠绕式或扭结式两种方法。

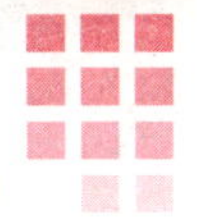

1. 缠绕式

通常在临柜收款时采用缠绕式捆扎方法，需使用牛皮纸腰条。具体操作方法如下：

（1）将点过的一百张钞票墩齐。

（2）左手从长的方向拦腰握住钞票，使之成为瓦状（瓦状的幅度影响捆扎的松紧，在捆扎时幅度不能变）。

（3）右手握住腰条头将其从钞票长的方向夹入钞票的中间（离一端 1/3 ~ 1/4 处），从凹面开始绕钞票两圈。

（4）翻到钞票凹面转角处将腰条向右折叠 90 度，将腰条头绕捆在腰条处，并转两圈打结。

（5）整理钞票。

2. 扭结式

通常在考核、比赛时采用扭结式捆扎方法，需使用棉纸腰条。具体操作方法如下：

（1）将点过的一百张钞票墩齐。

（2）左手握钞，使之成为瓦状。

（3）右手将腰条从钞票凸面放置，将两腰条头绕到凹面，左手食指、拇指分别按住腰条与钞票厚度交界处。

（4）右手拇指、食指夹住其中一端腰条头，中指、无名指夹住另一端腰条头，并合在一起，右手顺时针转 180 度，左手逆时针转 180 度，将右手拇指和食指夹住的那一头从腰条与钞票之间绕过并打结。

（5）整理钞票。

知识链接

全自动扎把机

目前，金融部门和大型商场收银台均使用全自动扎把机进行捆钞。全自动扎把机是采用计算机控制技术，将钞票直接放入夹板机器后自动进行快速纸带捆钞的一种机电一体化高科技产品，其具有操作简单、捆扎美观、效率高、成本低等优点。

第二节 人民币鉴别方法

人民币的全称是中华人民共和国货币（缩写：RMB；货币代码：CNY；货币符号：¥），是中华人民共和国的法定货币。

人民币由中国人民银行发行，自1948年12月1日首次发行至1999年10月1日启用新版为止共发行五套，形成了包括纸币、硬币、塑料钞、普通纪念币与贵金属纪念币等多品种、多系列的货币体系。第一套、第二套、第三套和第四套人民币已经退出市场流通。因此，以下将重点讲解第五套人民币的防伪特征及鉴别方法。

知识链接

我国纸币的发展历程

中国是世界上第一个使用纸币的国家。中国的纸币起源于宋朝，宋朝的纸币叫“交子”，元朝的纸币叫“中统交钞”，明代的纸币叫“大明宝钞”。清代咸丰三年（1853年）发行了两种纸币，一种叫“大清宝钞”，一种叫“户部官票”，两者合称“钞票”，后人就以“钞票”泛指纸币和银行券，钞票名称就是从那时候叫起来的。

一、第五套人民币的防伪特征

1. 第五套人民币的基本情况

第五套人民币于1999年10月1日陆续发行，共八种面额：100元、50元、20元、10元、5元、1元、5角、1角。第五套人民币增加了20元面额，取消了2元面额，使面额结构更加合理。第五套人民币的基本情况见表2—1、表2—2。

表 2—1　第五套人民币纸币一览表

券别	正面	背面	主色	发行时间		
				第一版	第二版	第三版
100 元纸币	毛泽东头像	人民大会堂（北京）	红色	1999.10.1	2005.8.31	2015.11.12
50 元纸币		布达拉宫（拉萨）	绿色	2001.9.1	2005.8.31	
20 元纸币		桂林山水（桂林）	棕色	2000.10.16	2005.8.31	
10 元纸币		长江三峡（重庆）	蓝黑色	2001.9.1	2005.8.31	
5 元纸币		泰山（泰安）	紫色	2002.11.18	2005.8.31	
1 元纸币		西湖（杭州）	橄榄绿	2004.7.30		

表 2—2　第五套人民币硬币一览表

券别	正面	背面	材质	直径	发行时间
1 元硬币	行名、面额、拼音、年号	菊花	钢芯镀镍	25 毫米	2000.10.16
5 角硬币	行名、面额、拼音、年号	荷花	钢芯镀铜合金	20.5 毫米	2002.11.18
1 角硬币	行名、面额、拼音、年号	兰花	铝合金	19 毫米	2000.10.16
1 角硬币	行名、面额、拼音、年号	兰花	不锈钢	19 毫米	2005.08.31

2. 2005 年版第五套人民币主要防伪特征

（1）2005 年版第五套人民币 100 元纸币的防伪特征

2005 年版第五套人民币 100 元纸币的正面和背面如图 2—13、图 2—14 所示。

图 2—13　2005 年版第五套人民币 100 元纸币正面

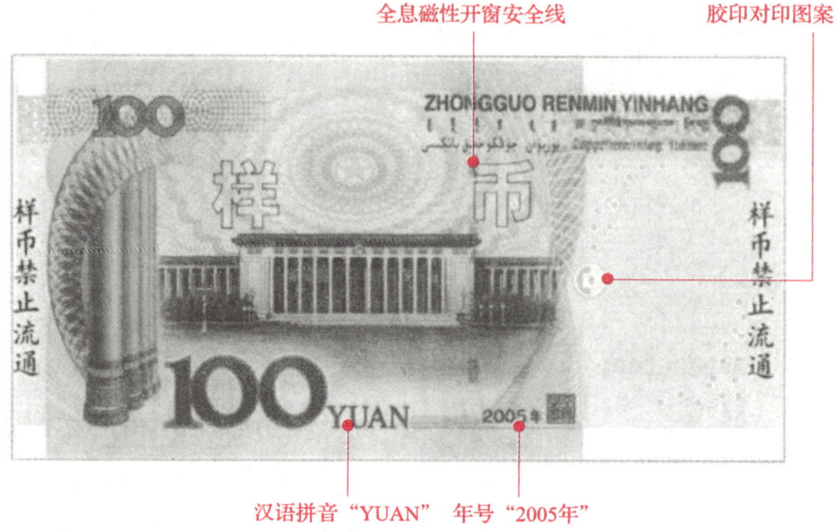

图 2—14　2005 年版第五套人民币 100 元纸币背面

1）固定人像水印。2005 年版第五套人民币 100 元纸币印有毛泽东头像固定水印，如图 2—15 所示。

2）白水印。在冠字号码下方有白水印面额数字，在毛泽东头像固定水印右下方，对光观看，可以看见发亮的与纸币面额数字相同的白水印。2005 年版第五套人民币 100 元纸币白水印如图 2—16 所示。

图 2—15　2005 年版第五套人民币 100 元纸币固定人像水印

图 2—16　2005 年版第五套人民币 100 元纸币白水印

3）光变油墨面额数字。2005 年版第五套人民币 100 元纸币正面左下方印有数字“100”，采用光变油墨印成。与票面垂直角度观看，数字“100”为绿色，倾斜一定角度观看，数字“100”变为蓝色。2005 年版第五套人民币 100 元纸币光变油墨数字如图 2—17 所示。

4）全息磁性开窗安全线。2005 年版第五套人民币 100 元纸币正面正中偏左处有一条黑色线条，即全息磁性开窗安全线，正面为全植入式，背面为半植半露式，露出的部分叫“开窗”，开窗的部分可以看到很小的字符，100 元纸币的缩微字符是“¥100”。字符采用高科技全息图案，通过仪器检测可以看到。2005 年版第五套人民币 100 元纸币全息磁性开窗安全线如图 2—18 所示。

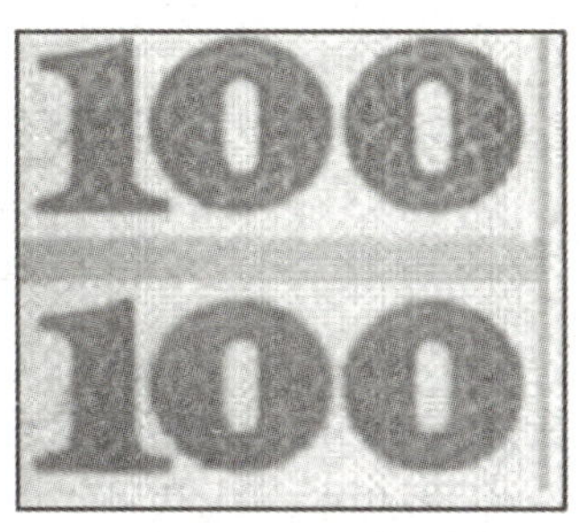

图 2—17 2005 年版第五套人民币 100 元纸币光变油墨面额数字

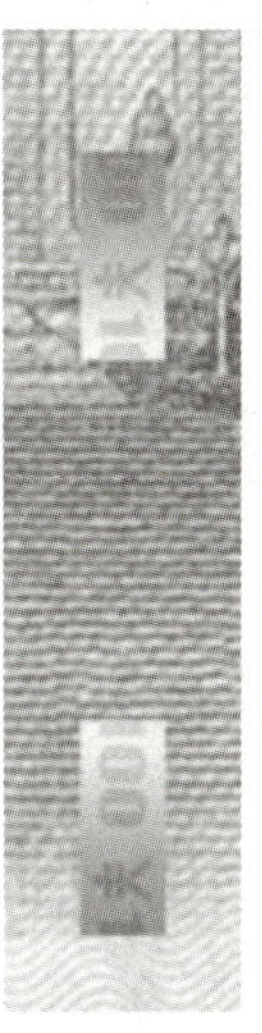

图 2—18 2005 年版第五套人民币 100 元纸币全息磁性开窗安全线

5）隐形面额数字。2005 年版第五套人民币 100 元纸币的正面右上方有一装饰图案，将纸币右下角平行对着眼睛，对光观看，可看到与纸币面额相同的数字，如图 2—19 所示。

6）胶印对印图案。2005 年版第五套人民币 100 元纸币正面偏左和背面偏右的空白处有一圆形局部图案，对光观看，均可看到正背面图案合并组成一个完整的古钱币图案。2005 年版第五套人民币 100 元纸币胶印对印图案如图 2—20 所示。

图 2—19 2005 年版第五套人民币 100 元纸币隐形面额数字

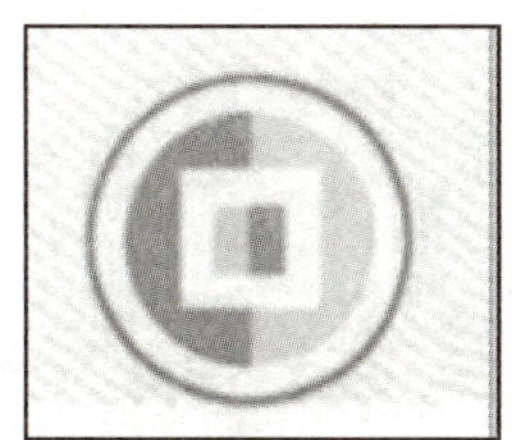

图 2—20 2005 年版第五套人民币 100 元纸币胶印对印图案

7）手工雕刻头像。2005 年版第五套人民币 100 元纸币正面主景为毛泽东头像，采用手工雕刻凹版印刷工艺印制，形象逼真、传神，凹凸感强。

8）雕刻凹版印刷。2005 年版第五套人民币 100 元纸币的中国人民银行行名、面额数字、盲文面额标记及各面值正面主景图案右侧自上而下规则排列的线纹等均采用雕刻凹版印刷工艺印制，用手指触摸有明显凹凸感。

9）双色异形横号码。2005 年版第五套人民币 100 元纸币正面左下角印有双色异形横号码，左侧部分为暗红色，右侧部分为黑色，字符中间大两边小。

10）胶印缩微文字。2005 年版第五套人民币 100 元纸币印有胶印缩微文字“RMB100”，大多隐藏在花饰中。

11）汉语拼音“YUAN”和年号“2005 年”。2005 年版第五套人民币 100 元纸币背面人民大会堂图案下方的面额数字后面，增加了人民币单位“元”的汉语拼音“YUAN”和年号“2005 年”。

（2）2005 年版第五套人民币 50 元纸币的防伪特征

2005 年版第五套人民币 50 元纸币正面和背面如图 2—21、图 2—22 所示。

图 2—21　2005 年版第五套人民币 50 元纸币正面

图 2—22　2005 年版第五套人民币 50 元纸币背面

1）固定人像水印。防伪特征与 2005 年版第五套人民币 100 元纸币相同。

2）白水印。防伪特征与 2005 年版第五套人民币 100 元纸币相同。2005 年版第五套人民币 50 元纸币白水印如图 2—23 所示。

3）光变油墨面额数字。2005 年版第五套人民币 50 元纸币正面左下方印有数字“50”，采用光变油墨印成。与票面垂直角度观看，数字“50”为金色，倾斜一定角度观看，数字“50”变为绿色。2005 年版第五套人民币 50 元纸币光变油墨面额数字如图 2—24 所示。

图 2—23 2005 年版第五套人民币 50 元纸币白水印

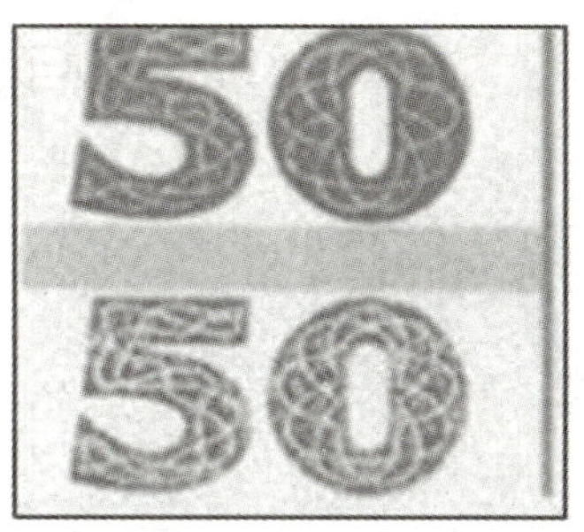

图 2—24 2005 年版第五套人民币 50 元纸币光变油墨面额数字

4）全息磁性开窗安全线。防伪特征与 2005 年版第五套人民币 100 元纸币相同。2005 年版第五套人民币 50 元纸币全息磁性开窗安全线如图 2—25 所示。

5）隐形面额数字。防伪特征与 2005 年版第五套人民币 100 元纸币相同。2005 年版第五套人民币 50 元纸币隐形面额数字如图 2—26 所示。

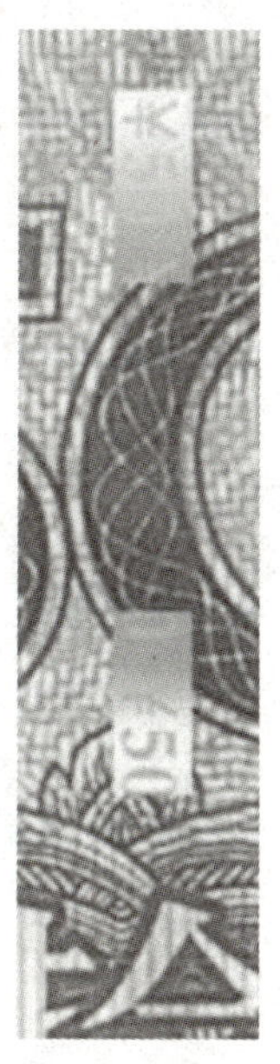
图 2—25 2005 年版第五套人民币 50 元纸币全息磁性开窗安全线

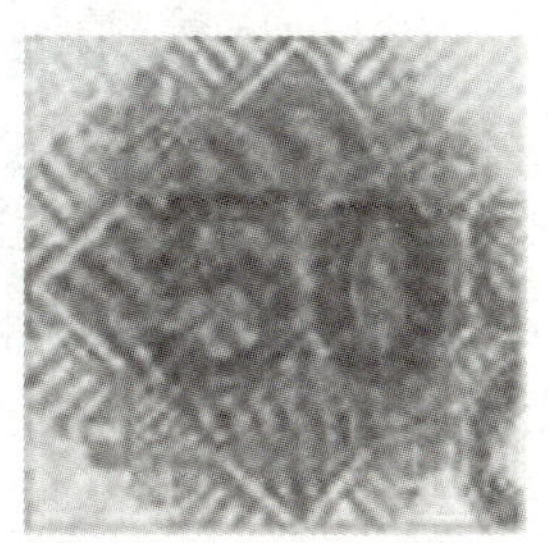

图 2—26 2005 年版第五套人民币 50 元纸币隐形面额数字

6）胶印对印图案。防伪特征与 2005 年版第五套人民币 100 元纸币相同。

7）手工雕刻头像。防伪特征与 2005 年版第五套人民币 100 元纸币相同。

8）雕刻凹版印刷。防伪特征与 2005 年版第五套人民币 100 元纸币相同。

9）双色横号码。防伪特征与 2005 年版第五套人民币 100 元纸币相同。

10）胶印缩微文字。2005 年版第五套人民币 50 元纸币印有胶印缩微文字“RMB50”，大多隐藏在花饰中。

11）汉语拼音“YUAN”和年号“2005 年”。防伪特征与 2005 年版第五套人民币 100 元纸币相同。

（3）2005 年版第五套人民币 20 元纸币的防伪特征

2005 年版第五套人民币 20 元纸币正面和背面如图 2—27、图 2—28 所示。

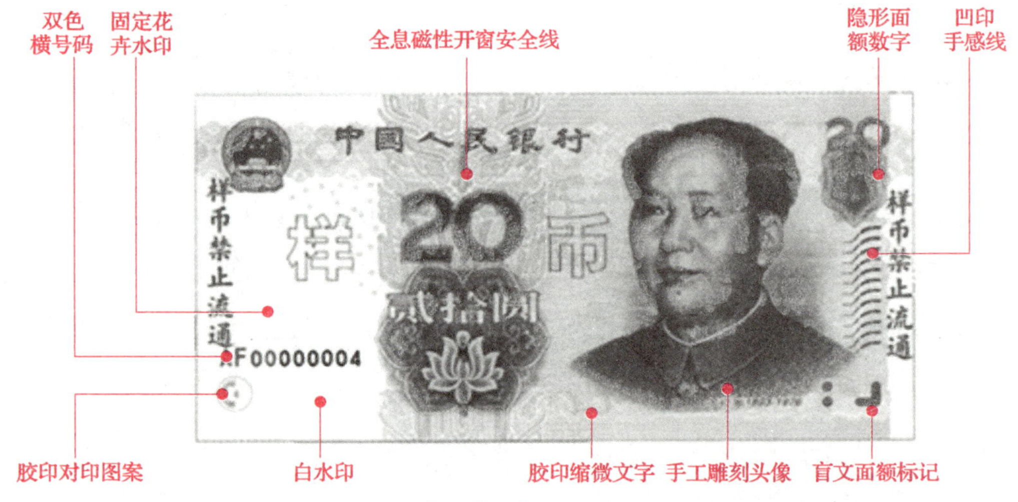

图 2—27　2005 年版第五套人民币 20 元纸币正面

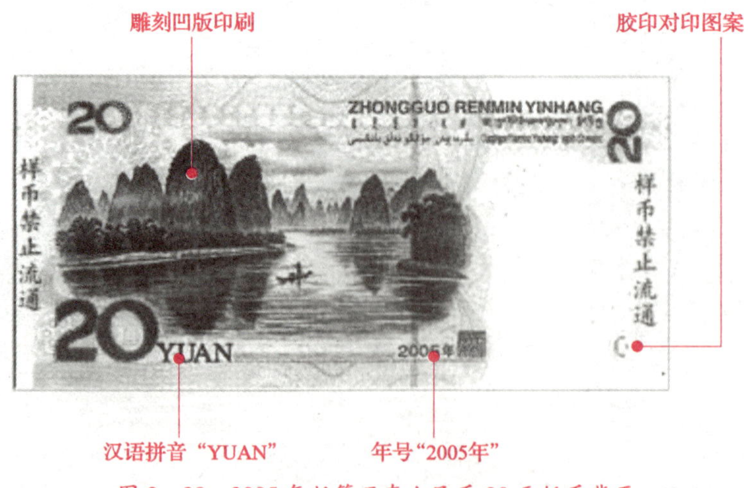

图 2—28　2005 年版第五套人民币 20 元纸币背面

1）固定花卉水印。2005 年版第五套人民币 20 元纸币正面左侧空白处对光观看，可以看到立体感很强的花卉水印。2005 年版第五套人民币 20 元纸币的固定花卉水印为荷花图案，如图 2—29 所示。

2）白水印。在固定花卉水印右下方，对光观看，可以看见透光性很强的与面额相同的白水印。2005 年版第五套人民币 20 元纸币白水印如图 2—30 所示。

图 2—29　2005 年版第五套人民币 20 元纸币固定花卉水印

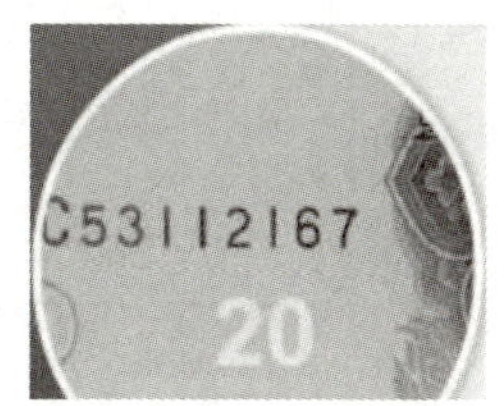

图 2—30　2005 年版第五套人民币 20 元纸币白水印

3）手工雕刻头像。2005 年版第五套人民币纸币正面主景均为毛泽东头像，防伪特征与 2005 年版第五套人民币 100 元纸币相同。

4）全息磁性开窗安全线。2005 年版第五套人民币 20 元纸币正面中间偏左处有一条开窗安全线。安全线在正面开窗，与 100 元、50 元相反，开窗部分有缩微字符组成的全息图案，20 元的缩微字符是"￥20"。

5）隐形面额数字。防伪特征与 2005 年版第五套人民币 100 元纸币相同。2005 年版第五套人民币 20 元纸币隐形面额数字如图 2—31 所示。

图 2—31　2005 年版第五套人民币 20 元纸币隐形面额数字

6）胶印对印图案。防伪特征与 2005 年版第五套人民币 100 元纸币相同。

7）雕刻凹版印刷。防伪特征与 2005 年版第五套人民币 100 元纸币相同。

8）双色横号码。2005 年版第五套人民币 20 元纸币正面左下角印有双色横号码，左侧部分为暗红色，右侧部分为黑色。

9）胶印缩微文字。2005 年版第五套人民币 20 元纸币印有胶印缩微文字"RMB20"，大多隐藏在花饰中。

10）汉语拼音"YUAN"和年号"2005 年"。防伪特征与 2005 年版第五套人民币 100 元纸币相同。

（4）2005 年版第五套人民币 10 元纸币的防伪特征

2005 年版第五套人民币 10 元纸币正面和背面如图 2—32、图 2—33 所示。

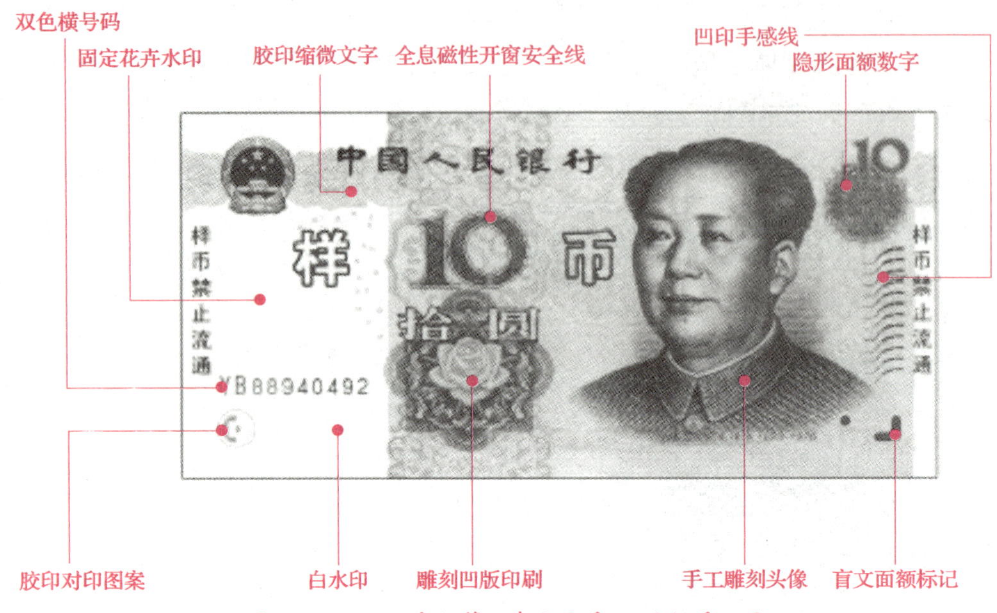

图 2—32　2005 年版第五套人民币 10 元纸币正面

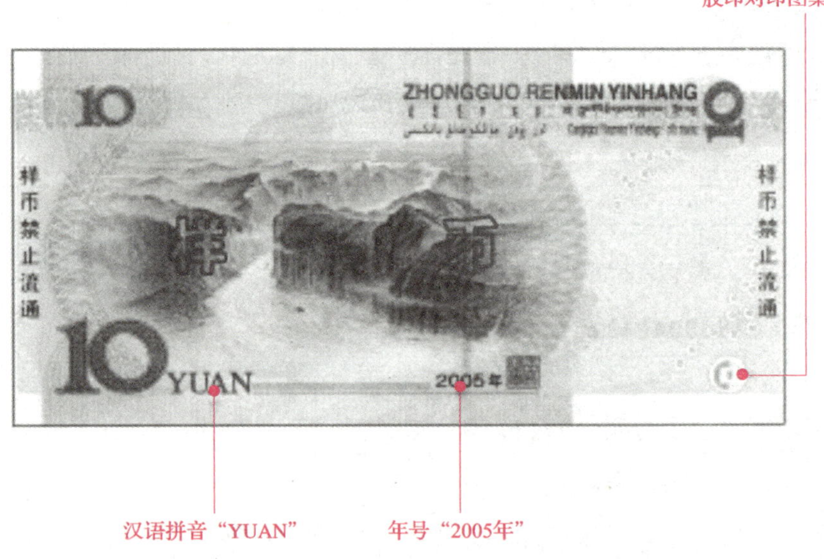

图 2—33　2005 年版第五套人民币 10 元纸币背面

1）固定花卉水印。2005 年版第五套人民币 10 元纸币正面左侧空白处对光观看，可以看到立体感很强的花卉水印。10 元纸币的固定花卉水印为月季花图案，如图 2—34 所示。

图 2—34　2005 年版第五套人民币 10 元纸币固定花卉水印

2）白水印。防伪特征与 2005 年版第五套人民币 100 元纸币相同。

3）手工雕刻头像。防伪特征与 2005 年版第五套人民币 100 元纸币相同。

4）全息磁性开窗安全线。2005 年版第五套人民币 10 元纸币正面中间偏左处有一条开窗安全线。安全线在正面开窗，与 100 元、50 元相反，开窗部分有缩微字符组成的全息图案，2005 年版第五套人民币 10 元纸币的缩微字符是“￥10”。

5）隐形面额数字。防伪特征与 2005 年版第五套人民币 100 元纸币相同。2005 年版第五套人民币 10 元纸币隐形面额数字如图 2—35 所示。

图 2—35　2005 年版第五套人民币 10 元纸币隐形面额数字

6）胶印对印图案。防伪特征与 2005 年版第五套人民币 100 元纸币相同。

7）雕刻凹版印刷。防伪特征与 2005 年版第五套人民币 100 元纸币相同。

8）双色异形横号码。防伪特征与 2005 年版第五套人民币 20 元纸币相同。

9）胶印缩微文字。2005 年版第五套人民币 10 元纸币印有胶印缩微文字“RMB10”，大多隐藏在花饰中。

10）汉语拼音“YUAN”和年号“2005 年”。防伪特征与 2005 年版第五套人民币 100 元纸币相同。

（5）2005 年版第五套人民币 5 元纸币的防伪特征

2005 年版第五套人民币 5 元纸币正面和背面如图 2—36、图 2—37 所示。

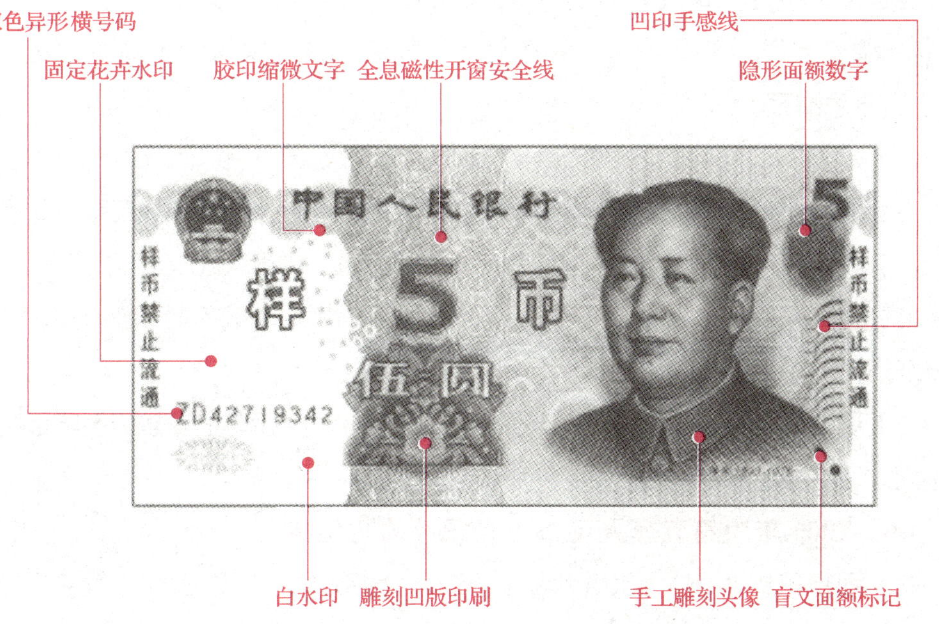

图 2—36　2005 年版第五套人民币 5 元纸币正面

图 2—37　2005 年版第五套人民币 5 元纸币背面

1）固定花卉水印。2005 年版第五套人民币 5 元纸币正面左侧空白处对光观看，可以看到立体感很强的花卉水印。5 元纸币的固定花卉水印为水仙花图案，如图 2—38 所示。

图 2—38　2005 年版第五套人民币 5 元纸币固定花卉水印

2）白水印。防伪特征与 2005 年版第五套人民币 100 元纸币相同。

3）手工雕刻头像。防伪特征与 2005 年版第五套人民币 100 元纸币相同。

4）全息磁性开窗安全线。2005 年版第五套人民币 5 元纸币正面中间偏左处有一条安全线。安全线为正面开窗式，开窗部分可以看到由缩微字符“￥5”组成的全息图案。

5）隐形面额数字。防伪特征与 2005 年版第五套人民币 100 元纸币相同。

6）雕刻凹版印刷。防伪特征与 2005 年版第五套人民币 100 元纸币相同。

7）双色横号码。防伪特征与 2005 年版第五套人民币 20 元纸币相同。

8）胶印缩微文字。2005 年版第五套人民币 5 元纸币印有胶印缩微文字“RMB5”，大多隐藏在花饰中。

9）汉语拼音“YUAN”和年号“2005 年”。防伪特征与 2005 年版第五套人民币 100 元纸币相同。

（6）2005 年版第五套人民币 1 元纸币的防伪特征

1）固定花卉水印。2005 年版第五套人民币 1 元纸币正面左侧空白处对光观看，可以看到立体感很强的花卉水印，1 元纸币的固定花卉水印为兰花图案。

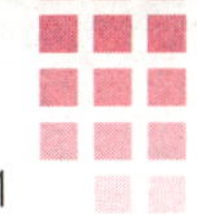

2）手工雕刻头像。防伪特征与 2005 年版第五套人民币 100 元纸币相同。

3）隐形面额数字。2005 年版第五套人民币 1 元纸币正面右上方有一装饰图案，将票面置于与眼睛接近平行的位置，面对光源作上下倾斜晃动，可看到面额数字“1”字样。

4）雕刻凹版印刷。防伪特征与 2005 年版第五套人民币 100 元纸币相同。

5）双色横号码。防伪特征与 2005 年版第五套人民币 20 元纸币相同。

6）胶印缩微文字。2005 年版第五套人民币 1 元纸币背面下方胶印图案中，印有缩微文字“人民币”和“RMB1”字样。

3. 2015 年版第五套人民币 100 元纸币防伪特征

随着科学技术的发展，钞票的防伪技术和印制质量也不断提高。2015 年 11 月 12 日，2015 年版第五套人民币 100 元纸币发行，与 2005 年版第五套人民币同面额纸币等值流通。

2015 年版第五套人民币 100 元纸币在保持 2005 年版第五套人民币 100 元纸币规格、正背面主图案、主色调、中国人民银行行名、国徽、盲文和汉语拼音、民族文字等不变的前提下，对部分图案做了适当调整，对整体防伪性能进行了提升。

（1）正面图案

票面中部增加光彩光变数字“100”，其下方团花图案调整为紫色；取消左下角光变油墨面额数字，调整为胶印对印图案，其上方为双色横号码；正面主景图案右侧增加光变镂空开窗安全线和竖号码；右上角面额数字由横排改为竖排，并对数字样式进行了调整。2015 年版第五套人民币 100 元纸币正面如图 2—39 所示。

图 2—39　2015 年版第五套人民币 100 元纸币正面

2015年版第五套人民币100元纸币正面防伪特征：

1）光彩光变数字。垂直观察票面，数字“100”以金色为主；平视观察票面，数字“100”以绿色为主。随着观察角度的改变，数字“100”颜色在金色和绿色之间交替变化，并可见到一条亮光带在数字上上下滚动。

2）光变镂空开窗安全线。当观察角度由直视变为斜视时，安全线颜色由品红色变为绿色；透光观察时，可见安全线中正反交替排列的镂空文字“¥100”。

3）水印图案。透光观察，可见层次丰富、图案清晰的毛泽东头像水印。

4）手工雕刻头像。采用凹印技术印刷，用手触摸，具有明显的凹凸感。

5）横竖双号码。采用了横竖双号码，并改变了原有的冠字号码字形，更符合公众识别习惯和机器读取要求，有利于冠字号码的识别与记录，也有利于防范变造货币。

6）胶印对印图案。透光观察，可见正背面图案组合成面额数字“100”。

（2）背面图案

票面年号改为“2015年”；取消了右侧全息磁性开窗安全线和右下角防复印图案；调整了面额数字样式、票面局部装饰图案色彩和胶印对印图案及其位置。2015年版第五套人民币100元纸币背面如图2—40所示。

图2—40　2015年版第五套人民币100元纸币背面

二、人工鉴别人民币真伪的方法

验钞方法分为人工鉴别法和机器检测法，在实际进行人民币真伪的鉴别时，一般两种方法同时使用。

人工鉴别人民币纸币的真伪，通常采用“一看、二摸、三听、四测”的方法。

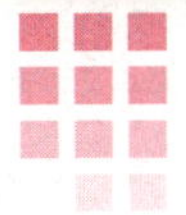

1. 眼看法

（1）看水印

看纸币的水印是否清晰，有无层次和浮雕的效果。固定水印是在纸币上某一固定位置的水印，迎光透视，应有很强的立体感。

（2）看安全线

看纸币中是否有一条与纸张结合度很好的线条，再看安全线开窗部分的缩微文字是否清楚。一般假钞伪造的安全线与纸张结合度较差，极易抽出；安全线上的缩微文字字形较为粗糙，且仪器检测无磁性特征。

（3）看光变油墨

转换观察角度，看采用光变油墨印刷技术的面额数字是否会变色。

（4）看票面图案

看票面图案是否清晰，色彩是否鲜艳，多色接线图文的颜色相接处是否平稳过渡，有无搭接的痕迹，图案是否可以对接上。

（5）看凹印部位图案

看凹印部位图案是否均由点、线构成，图文线条是否精细、层次丰富、立体感强。

2. 手摸法

一是触摸票面上凹印部位的线条是否有凹凸感，如摸人像、盲文、中国人民银行行名等处；二是通过触摸感觉纸质厚薄及挺括度。真币纸张坚挺、厚薄适中，在特定部位有凹凸感。假币一般纸质薄、挺括度差、表面光滑、无凹凸感。

3. 耳听法

耳听法是指通过抖动钞票使其发出声响，根据声音来分辨人民币真伪的方法。人民币的纸张是使用特种材料制造的印钞专用纸，纸质结实、有韧性。真币的纸张具有挺括、耐折、不易撕裂的特点。手持钞票用力抖动，手指轻弹或两手一张一弛轻轻对称拉动，能听到清脆响亮的声音。假币印刷的光洁度、挺括度都不如真币好，因此声音比较沉闷，且不耐揉折。

4. 检测法

检测法是通过借助一些简单的工具和专用的仪器来辨别人民币真伪的方法。

（1）借助放大镜检测

借助放大镜检测是指借助放大镜观察票面线条及胶印、凹印缩微文字清晰度等来鉴别人民币真伪，一般通过 5 ~ 20 倍的放大镜可以鉴别。真币底纹线清晰、连续，假币底纹线模糊、间断。

（2）借助紫外灯检测

借助紫外灯光照射票面，可以观察钞票纸张和油墨的荧光反应。真币无荧光反应，假币有荧光反应。

三、机器检测人民币的方法

在日常工作中，由于现金流通规模庞大，现金处理工作繁重，除了使用人工鉴别人民币真伪的方法以外，还会使用防伪点钞机等机器来鉴别人民币真伪。

防伪点钞机是一种自动清点钞票数目的机电一体化装置，一般带有伪钞识别功能及计数功能，这已成为财会部门、银行等不可或缺的办公设备。防伪点钞机主要是利用荧光、红外、穿透、安全线、磁性等技术对人民币进行鉴伪、计数和清分等功能。在机器点钞的运行过程中，如出现假币则机器会自动停机并报警。

知识链接

假币的处理

根据《中国人民银行假币收缴、鉴定管理办法》第二章第六条规定：金融机构在办理业务时发现假币，由该金融机构两名以上业务人员当面予以收缴。对假人民币纸币，应当面加盖“假币”字样的戳记；对假外币纸币及各种假硬币，应当面以统一格式的专用袋加封，封口处加盖“假币”字样戳记，并在专用袋上标明币种、券别、面额、张（枚）数、冠字号码、收缴人、复核人名章等细项。收缴假币的金融机构（以下简称“收缴单位”）向持有人出具中国人民银行统一印制的《假币收缴凭证》，并告知持有人如对被收缴的货币真伪有异议，可向中国人民银行当地分支机构或中国人民银行授权的当地鉴定机构申请鉴定。收缴的假币，不得再交予持有人。

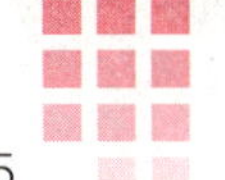

第三节　电子货币的应用技能

一、电子货币概述

1. 电子货币的概念

电子货币是指用一定金额的现金或存款从发行者处兑换并获得代表相同金额的数据，通过银行及第三方推出的快捷支付服务，使用电子化途径将数据进行转移，从而进行交易的货币。电子货币是法定货币的电子化，常见的电子货币包括银行卡、网银、电子支票，还有近年来发展起来的第三方支付，如支付宝中的电子钱包等。电子货币如图 2—41 所示。

图 2—41　电子货币

电子货币与传统货币的区别见表 2—3。

表 2—3　电子货币与传统货币的区别

区别	纸币	电子货币
发行主体不同	由中央银行或特定机构垄断	中央银行、金融机构或非金融机构等均可发行
接受范围不同	强制接受，广泛使用	发行者信誉不一，使用上受条件限制
匿名性不同	离不开面对面的交易，在很大程度上限制了传统货币的匿名性	比传统货币强，主要是加密技术的采用及电子货币便利的远距离运输

续表

区别	纸币	电子货币
使用范围不同	存在地域限制，一般以国界为限	打破了境域限制
防伪不同	物理设置	加密算法或认证系统
传递方式不同	随身携带，押送	利用网络和通信技术进行电子化传递，打破了时间和空间的限制
计算所需时间不同	需要花费大量的时间和人力，直接影响交易的速度	在短时间内可利用计算机完成计算，提高交易速度

2. 电子货币的特点

电子货币作为现代科技和现代金融业务相结合的产物，具有以下几个突出的特点：

（1）电子货币是一种虚拟货币

电子货币是在银行电子化技术高度发达的基础上出现的一种无形货币，它采用数字脉冲代替金属、纸张等载体进行传输和显示资金，通过芯片进行处理和存储，因此没有传统货币的物理形态、大小、重量和印记。

（2）电子货币是一种在线货币

电子货币通常在专用网络上传输，通过 POS 机（销售点情报管理系统）、ATM 机（自动柜员机）或网上银行、第三方支付平台等终端进行处理。也就是说，电子货币是在现有的银行、支票和纸币之外，通过网络而流通的货币。

（3）电子货币是一种信息货币

电子货币实际上就是观念化的货币信息，它是由一组含有用户的身份、密码、金额、使用范围等内容的数字构成的特殊信息。人们使用电子货币交易时，实际上交换的是相关信息，这些信息传输到开设这种业务的金融机构后，就可以为双方交易结算，从而使消费者和企业能够通过比现实银行系统更省钱、更方便和更快捷的方式收付资金。

3. 电子货币的功能

电子货币主要具有以下功能：

（1）转账结算功能。电子货币可以直接消费结算，代替现金转账。

（2）储蓄功能。可以使用电子货币进行存款和取款。

（3）兑现功能。异地使用货币时，可以进行货币汇兑。

（4）消费贷款功能。可以先向银行贷款，提前使用货币。

4. 电子货币的主要种类

（1）储值卡型电子货币，如银行 IC 卡、电信 IC 卡、校园 IC 卡等。

（2）信用卡应用型电子货币，如商业银行、信用卡公司发行的贷记卡或准贷记卡。

（3）存款利用型电子货币，如借记卡、电子支票等。

（4）现金模拟型电子货币，如电子现金和电子钱包等。

二、电子货币的使用

银行卡和电子货币传输系统是电子货币赖以生存的基础，电子货币无现金、无凭证结算的实现，为人们外出购物和消费提供了极大的方便。

1. 信用卡

（1）信用卡的概念

信用卡是指由商业银行或者其他金融机构发行的具有消费支付、信用贷款、转账结算、存取现金等全部功能或者部分功能的电子支付卡。信用卡如图 2—42 所示。

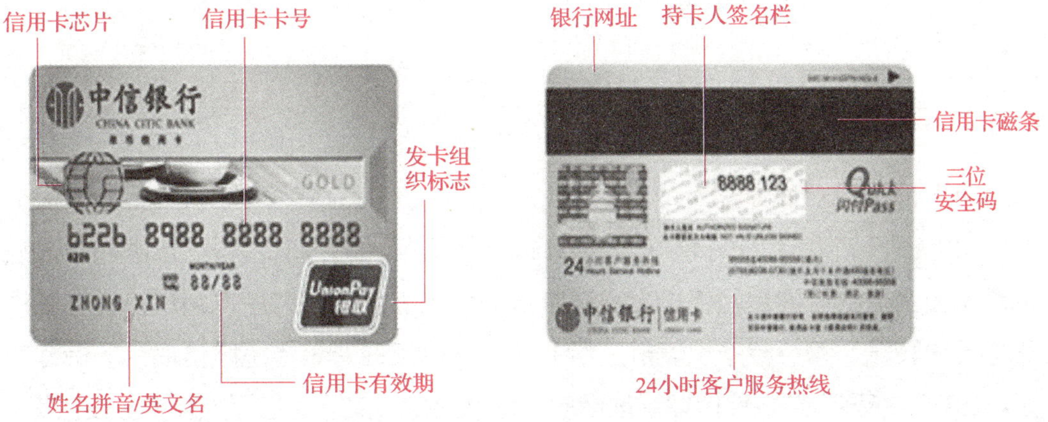

图 2—42 信用卡

（2）信用卡的特点

1）信用卡是当今发展最快的金融业务之一，它是可以在一定范围内替代传统现金流通的电子货币。

2）信用卡具有支付和信贷两种功能。持卡人可用其购买商品或享受服务，还可通过信用卡从发卡机构获得一定的贷款。

3）信用卡是集金融业务与计算机技术于一体的高科技产物。

4）信用卡能减少现金货币的使用。

5）信用卡能提供结算服务，方便使用者购物消费。

6）信用卡能简化收款手续，节约社会劳动力。

7）信用卡能促进商品销售，刺激社会需求。

知识链接

信用卡品牌

目前，国际上有五大信用卡品牌，即维萨国际组织（VISA）、万事达卡国际组织（Master Card）、美国运通国际股份有限公司（America Express）、大莱信用卡有限公司（Diners Club）、JCB日本国际信用卡公司（JCB）这五家专业信用卡公司。在各地区还有一些地区性的信用卡组织，如欧洲国际支付组织（EUROPAY）和中国银联等。

中国银联是经中国人民银行批准的，由80多家国内金融机构共同发起设立的股份制金融服务机构，注册资本16.5亿元人民币。公司于2002年3月26日成立，总部设在上海。中国银联旗下有银联商务和银联在线等子公司，银联商务主要业务是线下POS机收单业务，银联在线主要为互联网或电子商务类线上企业提供在线收款结算等业务。

2. 网上银行

（1）网上银行的概念

网上银行又称网络银行、在线银行或电子银行，它是各银行在互联网中设立的虚拟柜台。银行利用网络技术，通过互联网向客户提供开户、销户、查询、对账、行内转账、跨行转账、信贷、网上证券、投资理财等传统服务项目，使客户足不出户就能够安全、便捷地管理活期和定期存款、支票、信用卡及个人投资等。

（2）网上银行的特点

网上银行的特点是客户只要拥有账号和密码，便能在世界各地通过互联网，进入网络银行进行处理交易。与传统银行业务相比，网上银行的优势体现在以下几点：

1）大大降低银行经营成本，有效提高银行盈利能力。开办网上银行，主要利用公共网络资源，不需设置物理的分支机构或营业网点，减少了人员费用，提高了银行后台系统的效率。

2）无时空限制，有利于扩大客户群体。网上银行打破了传统银行的地域、时间限制，具有能在任何时候（Anytime）、任何地方（Anywhere）、以任何方式（Anyhow）为客户提供金融服务的“3A”特点，从而既有利于吸引和保留优质客户，又能够主动扩大客户群，开辟新的利润来源。

3）有利于服务创新，向客户提供多种类、个性化的服务。通过银行营业网点销售保险、证券和基金等金融产品，往往受到很大限制，利用互联网和银行支付系统，则容易满足客户咨询、购买和交易多种金融产品的需求，客户除办理银行业务外，还可以很方便地进行网上买卖股票、债券等金融业务。因此，网上银行能够为客户提供更加合适的个性化金融服务。网上银行页面如图 2—43 所示。

图 2—43　网上银行页面

（3）网上银行的功能

1）办理银行业务。网上银行能够办理银行业务，包括：个人银行业务、网上信用卡业务、对公业务、国际业务、信贷业务、特色服务等。

2）提供商务服务。网上银行能够提供商务服务，包括：投资理财服务、资本市场服务、政府服务等。

3）进行信息发布。网上银行能够进行信息发布，包括：国际市场外汇行情、兑换利率、储蓄利率、汇率、证券行情、银行信息等。

3. 第三方支付平台

（1）第三方支付平台的概念

第三方支付平台是指平台提供商采用通信、计算机和信息安全技术，在银行与消费者之间建立起连接，以实现从消费者到金融机构或商家的货币支付、现金流转、资金清算、查询统计等活动。

（2）第三方支付平台的模式

第三方支付平台的模式包括以下两类：第一类模式是第三方支付平台在与银行相连完成支付功能的同时，充当信用中介的角色，为客户提供账号进行交易资金代管，由其完成客户与商家的支付后，定期统一与银行结算。

第二类模式是第三方支付平台与银行密切合作，实现多家银行多种银行卡的直通服务，平台只是充当客户和商家的第三方银行支付网关的角色。

目前我国的第三方支付产品主要有支付宝、财付通、百付宝、网银在线、拉卡拉等。

练习题

一、单选题

1. 2005 年版第五套人民币 20 元纸币背面主景图案为（　　）。

A. 布达拉宫　　B. 桂林山水　　C. 西湖　　D. 长江三峡

2. 2005 年版第五套人民币纸币正面主景毛泽东头像，采用（　　）凹版印刷工艺印制，形象逼真、传神，凹凸感强。

A. 手工雕刻　　B. 机械雕刻

C. 激光雕刻　　D. 以上都不是

3. 2005 年版第五套人民币 100 元纸币的冠字号码是（　　）。

A. 双横号码　　B. 双色异形横号码

C. 双色异形竖号码　　D. 横竖双号码

4. 2005 年版第五套人民币 50 元纸币的光变油墨面额数字颜色变化特征为（　　）。

A. 由绿变蓝　　B. 由金变绿

C. 由金变蓝　　D. 由金变紫

5. 2005 年版第五套人民币 5 元纸币的主色调为（　　）。

A. 紫色　　B. 蓝黑色　　C. 棕色　　D. 红色

6. 中国人民银行发行的第五套人民币，其中下列券别没有发行的是（　　）。

A. 5 角　　B. 1 元　　C. 2 元　　D. 10 元

二、多选题

1. 用眼观的方法检测人民币真假时主要看（　　）等部位。

A. 水印　　B. 安全线

C. 正背面对印　　D. 隐形面额数字

2. 用手摸的方法检测人民币真假时主要触摸（　　）等部位。

A. 主景人像　　B. 凹印手感线

C. 中国人民银行行名　　D. 水印

3. 手持式点钞法包括（　　）点钞法。

A. 扇面式　　B. 单指多张　　C. 多指多张　　D. 单指单张

三、判断题

1. 2005 年版第五套人民币 50 元纸币背面主景图案为西湖。（　　）

2. 2005 年版第五套人民币 100 元纸币正面左下角印有双色异形横号码，左侧部分为黑色，右侧部分为红色。（　　）

3. 2005 年版第五套人民币 10 元纸币背面主景图案为布达拉宫。（　　）

4. 2005 年版第五套人民币纸币正面主景均是手工雕刻凹版印刷的毛泽东头像。（　　）

5. 人民币由中国人民银行统一印制、发行。（　　）

四、技能考核

考核目的：使学生能够熟练掌握手持式单指单张和多指多张两种点钞法，要求指法规范、扎把牢固、动作连贯。

考核内容：手持式单指单张点钞法和多指多张点钞法。

考核时间：两种方法各限时 5 分钟。

考核要求：

（1）单指单张点钞法采用整把形式，多指多张点钞法采用散把形式。

（2）单指单张点钞法的点钞要求：单指单张无设错整把（即点验数为 100 张的把次），必须经过起把、点数、拆把、扎把、盖章等动作；设错把次必须经过起把、点数、在把条上记录差错张数等动作。起把时不用拆把，无设错整把清点后需拆把并扎把，设错整把无须拆把也无须扎把。学生应按备用练功券序号顺序点钞，不得跳把。点钞要求一张一张点，不得一指多张，每一把必须点完最后一张，否则不计该把成绩。

（3）多指多张点钞法的点钞要求：多指多张点钞法必须经过抓把、点数、扎把、盖章等操作过程，清点的每一正确把为 100 张。

（4）扎把的要求：扎把以提起任意一张不被抽出或散开为准。

（5）盖章要求：盖章既可点一把盖一章，也可以全部点完后一次性盖章，盖章以清晰可见为准。

材料准备：

（1）教师准备比赛用 100 元面额练功券、海绵缸（配甘油）、扎条、笔、印章（采用“万次章”）、点钞成绩记录单、点钞机、秒表等。

（2）单指单张点钞法以整把形式进行，按不少于 50% 的比例设置差错，每把错张不超过 ±4 张，并在每把练功券的第一张和最后一张上写上把次编号。

点钞口令：在教师发出“请准备”口令后，学生可将备点练功券、扎条、印章等进行检查和整理，并按个人习惯移动在合适的位置上。教师发出“预备”口令时，学生起第一把在手。当教师发令“开始”口令后，学生方可点钞。最后 30 秒时，由教师预告时间，以便学生做结束准备。

测试结束前五秒进行倒计时，教师发出“时间到”口令时，学生应立即停止点钞、扎把和盖章等动作，按要求填写“点钞成绩记录单”（见表 2—4），其中单指单张点钞应注明差错张数（用 −4、−3、−2、−1、+1、+2、+3、+4 等数字记录），并将已点完的钞把按顺序整理，放入筐内交教师点验。

点钞评分标准：

（1）正确一把计 10 分，错误一把扣 10 分。单指单张点钞法最后一把未完成的不计分，多指多张点钞法最后一把已点张数按比例计分（错误时按比例扣分），最后一把得（扣）分 = 已点张数 ×0.07。

（2）单指单张点钞法未设错把次没有拆把、扎把或扎把不符合要求的每把扣 2 分；多指多张点钞法没有扎把或扎把不符合要求的每把扣 2 分。单指单张点钞法未点完最后一张的该把为 0 分。

（3）没有盖章或盖章不清楚的每把扣 1 分。

（4）教师发出“开始”口令前点钞（“抢点”），或者发出“时间到”口令后仍继续点钞（“超时点”）的，各扣 10 分；未经点数扎成一把（“甩把”）的扣 10 分。

（5）单指单张点钞法得分 =（正确把数 − 错误把数）×10− 扣分合计；多指多张点钞法得分 =（正确把数 − 错误把数）×10+（最后一把点数 ×0.07）− 扣

分合计。

（6）单指单张点钞法、多指多张点钞法最低分为 0 分。对已扣满 10 分的错误把次不再进行拆把、扎把、盖章等扣分。

表 2—4　　　　点钞成绩记录单

<table>
<tr><th colspan="2">班级</th><th colspan="2">姓名</th><th colspan="2">学号</th><th colspan="4">成绩</th></tr>
<tr><td colspan="2"></td><td colspan="2"></td><td colspan="2"></td><td colspan="4"></td></tr>
<tr><td colspan="10">清点结果（由学生填写）</td></tr>
<tr><td>01</td><td></td><td>02</td><td></td><td>03</td><td></td><td>04</td><td></td><td>05</td><td></td></tr>
<tr><td>06</td><td></td><td>07</td><td></td><td>08</td><td></td><td>09</td><td></td><td>10</td><td></td></tr>
<tr><td>11</td><td></td><td>12</td><td></td><td>13</td><td></td><td>14</td><td></td><td>15</td><td></td></tr>
<tr><td>16</td><td></td><td>17</td><td></td><td>18</td><td></td><td>19</td><td></td><td>20</td><td></td></tr>
<tr><td colspan="10">（填写要求：凡正确把 100 张填写“0”，错误把在相应的序号中填写错误张数，如 103 张填写“+3”，97 张填写“-3”。）</td></tr>
<tr><td colspan="10">学生成绩评定（以下由教师填写）</td></tr>
<tr><td colspan="10">点对把得分：______分</td></tr>
<tr><td colspan="10">扣分情况：累计扣_____分</td></tr>
<tr><td colspan="10">1. 点错把扣 10 分 ×____把 =____分</td></tr>
<tr><td colspan="10">2. 没有扎把或扎把不符合要求扣 2 分 ×____把 =____分</td></tr>
<tr><td colspan="10">3. 甩把扣 10 分 ×____把 =____分</td></tr>
<tr><td colspan="10">4. 跳把扣 10 分 ×____把 =____分</td></tr>
<tr><td colspan="10">5. 抢点或超时点扣____分</td></tr>
<tr><td colspan="10">6. 没有拆把扣 2 分 ×____把 =____分</td></tr>
<tr><td colspan="10">7. 没有盖章扣 1 分 ×____把 =____分</td></tr>
</table>

成绩参考标准：单指单张点钞法成绩标准见表 2—5，多指多张点钞法成绩标准见表 2—6。

表 2—5　　单指单张点钞法成绩标准（5 分钟时间）

张数	等级
800 张以上	优
700 ~ 799 张	良
600 ~ 699 张	中
500 ~ 599 张	及格
500 张以下	不及格

表 2—6　　多指多张点钞法成绩标准（5 分钟时间）

张数	等级
1 000 张以上	优
800 ~ 999 张	良
700 ~ 799 张	中
600 ~ 699 张	及格
600 张以下	不及格

第三章 会计办公设备操作技能

学习目标

- 认识点钞机并且学会使用点钞机
- 了解小键盘的构造
- 掌握小键盘输入指法
- 熟练掌握小键盘的盲打

第一节 点钞机的使用

点钞机是一种以自动清点钞票数为目的的机电一体化装置，一般集计数功能和伪钞识别功能于一体。由于各个单位现金流通规模庞大，现金处理工作繁重，点钞机已成为不可缺少的办公设备。

一、认识点钞机

点钞机的外部构造包括高清可旋转 LED 显示屏、红外线自动清零感应器、接钞台、出钞轮、喂钞台、红外对管、侧边显示屏等。点钞机外观如图 3—1 所示。

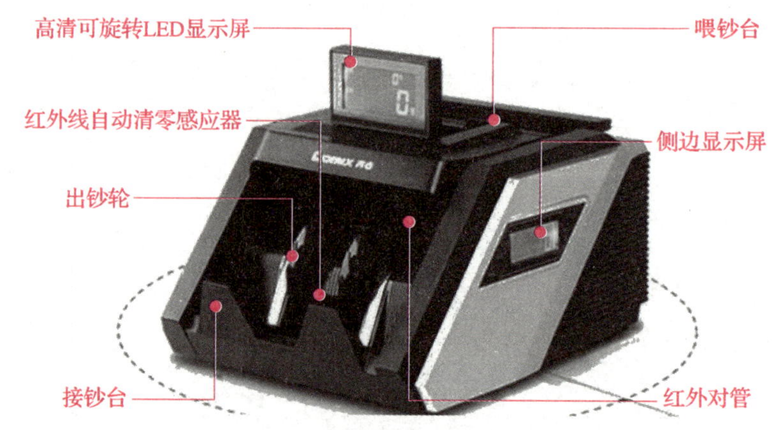

图 3—1 点钞机外观

二、点钞机的使用

1. 点钞操作

点钞前应先将纸币整理，按不同的面值分开，剔除有破损、严重污渍、用白纸补过或洗涤过的纸币，再将纸币均匀散开成小斜坡状，成捆的纸币应先拍松再散开，放入喂钞台进口处。

（1）混点功能

机器开启后，“混点”指示灯亮，进入混点功能，可对不同面额的纸币进行

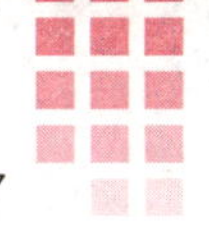

混合清点计数，同时鉴别真伪。

（2）清分功能

按“清分”键，“清分”指示灯闪烁，进入清分功能，可以分辨出不同面额的第五套人民币。

（3）快速点钞功能

再按“混点”键，“混点”指示灯灭，进入快速点钞功能，机器只对纸币清点计数而不检验真伪。

（4）智能功能

按“智能”键，“智能”指示灯闪烁，进入智能功能，机器能够清点并分辨出第五套人民币 5 元以上小面额纸币的假币。

技能点拨

点钞时出现“计数”显示窗闪烁，预置显示窗显示“EJ”，此时机器提示点钞不准，应把接钞台上的纸币重新放回喂钞台上清点。

2. 累加点钞方式

当需要累计点钞时，按下“累加”键，“累加”指示灯亮，机器进入累加点钞方式。在累加点钞方式下，每次点钞的计数都是在原计数显示窗显示的基础上累加计数。点钞完毕后，计数显示窗显示的数目就是多次点算纸币的数量之和。当累计显示达到 999+1 时，计数显示窗自动回到“0”。

3. 预置数点钞方式

当需要定量点钞时，按下“批量”键，“预置”指示灯亮，预置显示窗显示“100”，机器进入预置点钞方式。重复按“批量”键，预置显示窗循环显示“100、50、20、10、5”，如果再按住“+1”键，预置数便自行 +1，可在“1 ~ 999”范围内选定预置数，也可直接按“+1”键，预置显示从“1”开始累加。选定好预置数后，机器清点到纸币张数与预置数相同时，自动停机。如果重复定量清点，只要取出接钞台上的纸币，机器会自动重复上述过程。如想取消预置功能，可以按下“清零”键。

4. 鉴别伪钞

点钞机具有多重防伪功能，可检测假币及清分不同面额纸币，使用者可按点钞的要求选择点钞机的鉴伪功能和调整鉴伪灵敏度。当发现假币时，机器立即停机，蜂鸣器鸣叫，预置显示窗出现错误信息，接钞台上最上一张纸币为假币或可疑币，此时机器对该纸币计数。剔除假币后，按“复位”键，机器重新启动点钞。

技能点拨

当发现假币、可疑币和不同面额纸币造成机器停机后，由于机器异常停机，因此可能造成紧跟着的下一张纸币的误判，此时应当重新清点一遍。

三、点钞机日常保养

1. 点钞机常见故障及排除

（1）一般故障排除方法

1）开机时常见故障及排除方法。开机后，机器自动进入系统自动检测，若预置显示窗出现错误提示，通常情况是传感器表面积尘或被纸币挡住，排除方法是用毛巾或软布清除传感器表面积尘或移去纸币，然后重新开机。点钞机一般故障及排除方法见表 3—1。

表 3—1　点钞机一般故障及排除方法

出错信息	故障位置	排除方法
E00	荧光传感器	盖好顶盖，避开强光源
E10	进钞传感器	剔除纸币，清扫灰尘
E11	接钞传感器	剔除纸币，清扫灰尘
E30	左计数传感器	剔除纸币，清扫灰尘或对准光束轴线
E31	右计数传感器	剔除纸币，清扫灰尘
E50	转速传感器	清扫码盘及传感器灰尘或更换皮带
E80	内存	恢复出厂设置

2）点钞时常见故障及排除方法。点钞过程中，预置显示窗出现错误提示，同时机器停止运转，应根据显示内容按下述方法排除。点钞时常见故障及排除方法见表 3—2。

表 3—2 点钞时常见故障及排除方法

出错信息	原因及排除方法
EH	半张或残缺纸币。剔除该纸币后，按“复位”键继续清点
EJ	连张或重张。把接钞台上的纸币重新摆放到喂钞台上，再次清点。若经常出现 EJ，可顺时针方向微调垂直调节螺钉
ES	纸币斜张。按“复位”键继续清点
ED	纸币不符。剔除该纸币后，按“复位”键继续清点
F-P F-F F-C F-1 F-2 F-3	假币或可疑币。剔除该纸币，按“复位”键继续清点，若经常出现误判（把真币当作假币时），可选择低一级的灵敏度

（2）易损件的更换方法

1）当阻力片严重磨损时，需更换阻力片。抽出喂钞台，用手按下滑钞板，拿出已被磨损的阻力片，换上新的阻力片或更换橡皮磨损面后，再按原样复原即可。

2）当出钞轮磨平时，会出现送钞不顺和计数不准的问题，需要更换出钞轮。抽出喂钞台，卸下左、右塑料侧盖板，换下已被磨损的出钞轮，换新后再按原样复原即可。

3）更换保险丝。拉开电源插座保险丝盒，将里面的保险丝更换。

2. 点钞机日常维护

（1）当环境温度低于 20℃时，应开机预热 3 分钟后再使用，以免影响机器正常工作。

（2）机器应放在通风的室内操作，避免强光的照射和强磁场的干扰。

（3）机器的电源插头一定要接在有安全地线的电源插座上。

（4）机器所使用的电源电压必须在 220 V+10% 范围内，否则会影响机器正常工作。

（5）出钞轮、对转轮和送钞轮不能沾染油污，否则将造成捻钞打滑导致计数不准。

（6）每周至少彻底清洁一次紫光 LED 灯探头、红外探头以及磁头上的积尘。

第二节 小键盘数字录入

一、小键盘功能

键盘的数字键区又称小键盘区或副键盘区，是专门向计算机输入大量数字的重要输入设备，主要用于数字的集中录入。

键盘的右侧为小键盘区域，如图 3—2 所示。该区的大部分按键具有双重功能：一是代表数字和小数点，二是代表某种编辑功能。利用该区的 Num Lock（数码锁定）键可在这两种功能之间进行转换。除此之外，键盘右上角还有 Caps Lock（大写锁定）和 Scroll Lock（滚动锁定）两个指示灯。

图 3—2 键盘

二、数字录入

1. 正确坐姿

要想熟练运用键盘来打字，正确坐姿非常重要。正确坐姿是指正确的打字姿势。有了正确的姿势，不仅可以减轻人的疲劳感，还可以提高打字速度，起到事半功倍的作用。正确坐姿的具体要求如下：

（1）身体要保持平直，肩部放松，腰背不要弯曲。

（2）小臂与手腕略向上倾斜，手腕平直，两肘微垂，轻轻贴于腋下，手指自然弯曲，轻放在键盘上。

（3）屏幕显示区域位于视线以下 10 ~ 20 度，身体与键盘的距离因人而异。

（4）手掌以手腕为轴略向上抬起，手指略弯曲，自然下垂，形成勺状。

2. 小键盘指法

计算机小键盘是向计算机输入数字、发出命令的重要设备，是财务人员必不可少的操作工具，所以掌握小键盘的使用方法非常重要。

使用小键盘只能用右手操作，手指在键盘上的位置非常重要。为了便于有效地使用小键盘，通常规定右手的食指、中指、无名指和小指依次位于第三排的“4”“5”“6”“Enter”基准键上。其中“5”键上有一个小突起，是用来定位的。当准备操作小键盘时，手指应轻轻地放在相应的基准键上，按完其他键后，应立即回到相应的基准键上。

（1）各手指的分工

要提高数字的录入速度，要求各手指负责的按键有严格的分工。“Num Lock”“7”“4”“1”这四个键由右手食指负责，“/”“8”“5”“2”这四个键由右手中指负责，“ * ”“9”“6”“3”“.”这五个键由右手无名指负责，“−”“+”“Enter”这三个键由右手小指负责，“0”键由右手拇指负责。数字键盘指法如图 3—3 所示。

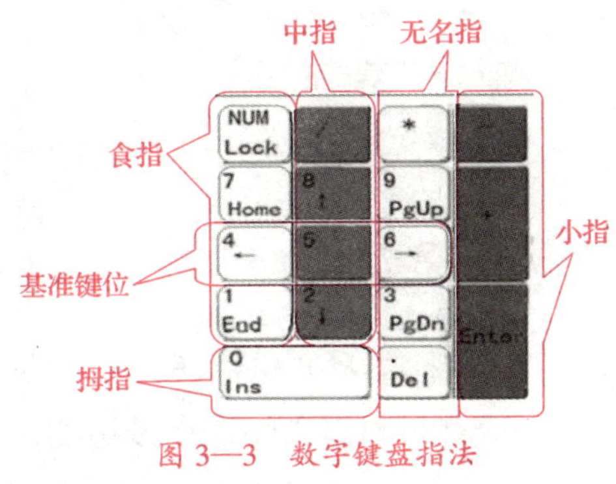

图 3—3　数字键盘指法

（2）正确指法五要点

1）各手指要放在基准键上，输入数字时，每个手指只负责相应的几个键，不要混淆。

2）手腕平直，手指自然弯曲，击键只限于手指指尖，身体其他部分不要接触工作台或键盘。

3）输入时，手稍微抬起，只有要击键的手指才伸出击键，击完后手指立即收回，停留在基准键上。

4）击键速度要均匀，用力要轻，有节奏感，不可用力过猛。

5）在击键时，必须依靠手指和手腕的灵活运动，不能靠整个手臂的运动来击打。

练习题

一、单选题

1. 当点钞机显示 E80 时，出现故障的位置是（　　）。

A. 荧光传感器　　B. 进钞传感器
C. 接钞传感器　　D. 内存

2. 接上题，应选择（　　）的方法排除故障。

A. 盖好顶盖，避开强光源　　B. 剔除纸币，清扫灰尘
C. 恢复出厂设置　　D. 更换皮带

3. 当点钞机显示 ES 时，判断是（　　）原因所导致。

A. 残缺币　　B. 连张
C. 假币　　D. 纸币斜张

4. 接上题，应选择（　　）的方法排除故障。

A. 按“复位”键　　B. 调节螺钉
C. 按“清分”键　　D. 按“智能”键

二、多选题

1. 以下表述正确的是（　　）。

A. 点钞机进入快速点钞功能，机器只清点计数而不检验真伪
B. 点钞机具有多重防伪功能，可检测不同面额的纸币
C. 当点钞机显示 EH 时，表示有残缺人民币，应剔除该纸币，按“复位”键继续
D. 使用小键盘只能用右手操作

2. 显示出错信息（　　）时，需剔除纸币、清扫灰尘来排除故障。

A. E10　　B. E11　　C. E31　　D. E50

3. 显示出错信息（　　）时，按“复位”键即可排除故障。

A. EH　　B. EJ　　C. ES　　D. ED

4. 属于小键盘区域的功能按键是（　　）。

A. Num Lock 键　　B. Caps Lock 键
C. Scroll Lock 键　　D. Enter 键

三、判断题

1. “7”“4”“1”这四个键由右手食指负责。 （ ）
2. “/”“8”“5”“2”这四个键由右手无名指负责。 （ ）
3. “0”键由右手拇指负责。 （ ）
4. “Enter”键由右手中指负责。 （ ）

四、技能练习

1. 基准键的输入练习

445445 656566 664554 544466 554446 446456

645645 445566 645564 564564 456456 665544

445566 556644 554466 654654 546546 566445

2. 按指法规则进行拇指、食指的输入练习

077444 071710 741700 147147 0714147 4401007

001044 144141 141441 444770 107170 007147

001044 041000 144141 774411 000170 007744

3. 按指法规则进行拇指、无名指的输入练习

06960 333603 006039 606099 603366 933939

069690 306333 930600 990606 663306 939339

336699 693693 963963 0936309 063906 639639

4. 按指法规则进行拇指、中指的输入练习

050082 285505 080820 008582 025085 052085

225550 280050 505582 028080 285800 580028

225588 085828 085280 085202 885522 225588

5. 按指法规则进行综合练习

173.18 1.948 222356 3.1415 8848.8 2004.7

765.98 786543 675098

五、技能考核

考核目的：练习学生小键盘盲打能力，要求学生做到手、眼、脑的协调配合。

考核内容：右手五指敲击小键盘。

考核工具：小键盘。

考核时间：限定时间 5 分钟。

考核要求：教师报数，要求学生不看键盘找准键位，速度由慢加快。考核后由考核教师填写成绩单，学生盲打成绩单见表 3—3。

表 3—3　学生盲打成绩单

学生姓名	速度	正确率	错误率	成绩

盲打键盘成绩参考标准见表 3—4。

表 3—4　盲打键盘成绩参考标准

项目	优秀	良好	合格	正确率
数字输入	300 个 / 分钟	240 个 / 分钟	200 个 / 分钟	100%

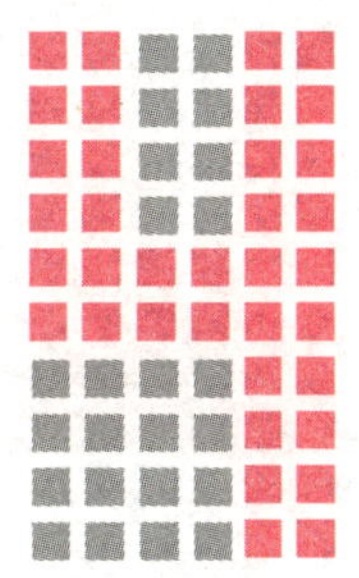

第四章
常见票证的认知及填制技能

学习目标

- 掌握库存现金的使用范围
- 掌握支票、商业汇票的填制内容
- 理解银行汇票的结算、背书
- 理解银行本票、委托收款、托收承付的结算规定
- 了解银行进账单的填制方法及作用

第一节 与收支相关票证的认知及填制

一、现金支票

现金支票是支票的一种，是收款人凭以向付款人提取现金的票据。现金支票可以由存款人签发用于到银行为本单位提取现金，也可以签发给其他单位和个人用来办理结算或者委托银行代为支付现金给收款人。现金支票的金额起点为 100 元，只能用于支取现金，不得办理转账，不得背书转让。

1. 现金的结算范围

单位以现金支付有关业务款项，应符合《现金管理暂行条例》的有关规定。允许单位使用现金结算的范围包括：

（1）职工工资、津贴。

（2）个人劳务报酬。

（3）根据国家规定颁发给个人的科学技术、文化艺术、体育等各种奖金。

（4）各种劳保、福利费用以及国家规定的对个人的其他支出。

（5）向个人收购农副产品和其他物资的价款。

（6）出差人员必须随身携带的差旅费。

（7）结算起点（1,000 元）以下零星支出。

（8）中国人民银行确定需要支付现金的其他支出。

2. 现金支票的填制

现金支票为单联式票据，左边为存根，约占票据的 1/4，供出票人用于记账使用。右边为支票正联，约占支票的 3/4，银行出纳凭以支付现金后做借方凭证，用以登记现金支票的出票人存款账户的金额支出。现金支票式样如图 4—1 所示。

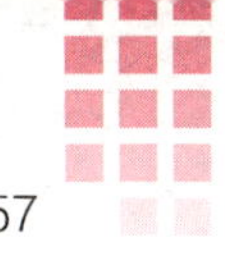

中国农业银行
现金支票存根

附加信息

出票日期　年　月　日

收款人：

金　额：

用　途：

单位主管　会计

浙江莱织华印刷有限公司·2011年印制

中国农业银行　现金支票

付款期限自出票之日起十天

出票日期（大写）　年　月　日　付款行名称：

收款人：　出票人账号：

人民币（大写）　亿 千 百 十 万 千 百 十 元 角 分

用途　密码

上列款项请从
我账户内支付
出票人签章　复核　记账

莱织华印刷有限公司　2011年印制

附加信息：

收款人签章
年　月　日

身份证名称：　发证机关：

号码

贴粘单处

根据《中华人民共和国票据法》等法律法规的规定，签发空头支票由中国人民银行处以票面金额5%但不低于1,000元的罚款。

图 4—1　现金支票式样

一张完整的现金支票必须填制以下内容：

（1）付款单位名称、账号和开户银行，收款单位的名称。

（2）款项金额。

（3）款项用途。

（4）签发日期。

（5）付款单位签章（预留银行印鉴）。

（6）背书及背书日期。

二、转账支票

转账支票是出票人签发的，委托办理支票存款业务的银行在见票时无条件支付确定的金额给收款人或持票人的票据。在银行开立存款账户的单位和个人客户用于同城交易的各种款项，均可签发转账支票，委托开户银行办理付款手续。转账支票式样如图 4—2 所示。

支票上印有“转账”字样的为转账支票，转账支票只能用于转账。支票上未印有“现金”或“转账”字样的为普通支票，普通支票可再分为划线支票和不划线支票。在普通支票左上角划两条平行线的为划线支票，划线支票只能用于转账，不得支取现金；不划线的普通支票可以支取现金。

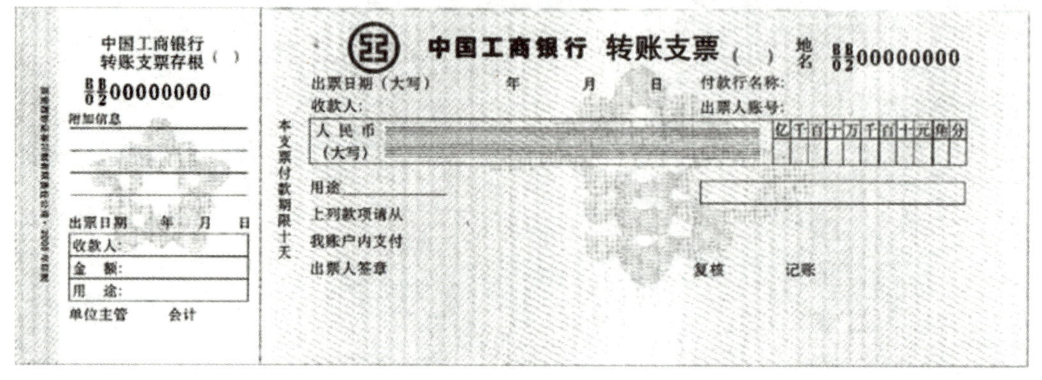

中国工商银行
转账支票存根（ ）
BB 02 00000000
附加信息
出票日期 年 月 日
收款人：
金 额：
用 途：
单位主管 会计

中国工商银行 转账支票（ ） 地名 BB 02 00000000
出票日期（大写） 年 月 日 付款行名称：
收款人： 出票人账号：
人民币（大写） 亿 千 百 十 万 千 百 十 元 角 分
本支票付款期限十天
用途
上列款项请从
我账户内支付
出票人签章 复核 记账

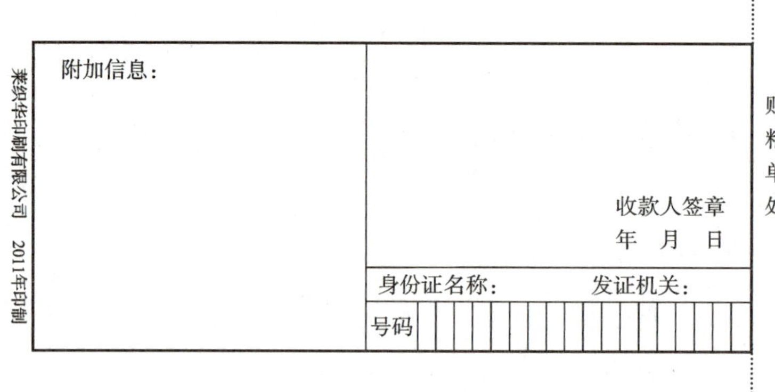

附加信息：
收款人签章
年 月 日
身份证名称： 发证机关：
号码
莱织华印刷有限公司 2011年印制

贴粘单处

根据《中华人民共和国票据法》等法律法规的规定，签发空头支票由中国人民银行处以票面金额5%但不低于1,000元的罚款。

图 4—2 转账支票式样

1. 转账支票的填制

（1）出票日期。出票日期应使用中文大写填写。

（2）收款人。转账支票收款人应填写收款单位名称。收款单位取得转账支票后，在支票背面被背书栏内加盖收款单位财务专用章和法人章，填写好银行进账单后连同该支票交给收款单位的开户银行，委托银行收款。

（3）付款行名称、出票人账号。付款人名称、出票人账号即本单位开户银行名称及银行账号。

（4）人民币大写金额。例如，¥289,546.52 的正确写法为人民币贰拾捌万玖仟伍佰肆拾陆元伍角贰分。

（5）人民币小写金额。最高金额的前一位空白格用“¥”符号打头，数字填写要求完整清楚，金额大小写必须一致，不能涂改，否则支票无效。

（6）用途。转账支票没有具体规定，用途可填写“货款”“代理费”等。

（7）盖章。支票正面盖财务专用章和法人章，缺一不可，印泥为红色，印章必须清晰，印章模糊只能将本张支票作废，换一张重新填写并重新盖章。

2. 转账支票的背书转让

在转账支票的提示付款期内，持票人可以在同一票据交换区域将其转让给单位和个人。转让时应在支票正联背面签章，填写背书日期和被背书人。由出票人授权补记支票金额、收款人名称的支票，在未补记前，不得背书转让和提示付款。支取现金的现金支票和普通支票不得背书转让。划线支票的背书转让与转账支票相同。

三、银行汇票

银行汇票是出票银行签发的，并由其在见票时按实际结算金额无条件给收款人或者持票人的票据。

银行汇票是异地结算中使用最广泛的结算方式，既可用于转账，注明“现金”字样的银行汇票还可以支取现金。银行汇票使用方便，票随人走、人到款到，适于汇款人急需用款时使用。

1. 银行汇票的适用范围

银行汇票适用范围广泛，主要体现在以下几个方面：

（1）申请人和收款人可以是单位也可以是个人。

（2）汇票的兑付可以是同城也可以是异地。

（3）银行汇票的出票金额没有限制。

（4）不论汇款的申请人和收款人是否有在银行开立账户都可以使用。

（5）汇划款项可用于商品或劳务交易，也可以用于其他往来。

（6）银行汇票申请人到银行申请签发汇票既可以交付现金也可以采用转账方式。

（7）银行汇票的提示付款期限为自出票日起一个月。

2. 银行汇票的填制

银行汇票的填制内容与支票基本一致，所不同的有：

（1）表明“银行汇票”的字样。

（2）收款人的名称。签发银行汇票时必须事先确定收款人，不得补记。

（3）出票金额。出票金额是指出票汇票上应该记载的确定金额，应注意与承兑时的金额、银行汇票实际结算金额和多余金额区分。

银行汇票式样如图 4—3 所示。

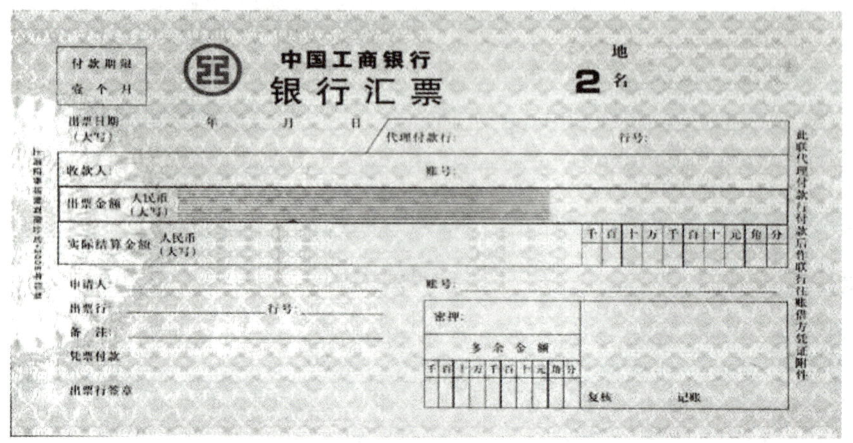

付款期限 壹个月

中国工商银行
银行汇票　2　地名

出票日期（大写）　年　月　日　代理付款行：　行号：

收款人：　账号：

出票金额　人民币（大写）

实际结算金额　人民币（大写）　千 百 十 万 千 百 十 元 角 分

申请人：　账号：

出票行：　行号：

备　注：

凭票付款

出票行签章

密押：

多余金额

千 百 十 万 千 百 十 元 角 分

复核　记账

此联代理付款行付款后作联行往账借方凭证附件

图 4—3　银行汇票式样

银行汇票一式四联，第一联为卡片，第二联为汇票正联，第三联为解讫通知，第四联为多余款收账通知。出票银行在第一联卡片上盖经办、复核名章，登记汇出汇款账后与第四联多余款收账通知一并保管，将第二联汇票正联和第三联解讫通知交与申请人，由其在提示付款期内带往兑付地交付给汇票上记明的收款人办理转账结算或支取现金业务。

3．银行汇票结算程序

银行汇票结算包括签发银行汇票、持票结算、兑付款项和结清余额四个步骤，具体结算程序如图 4—4 所示。

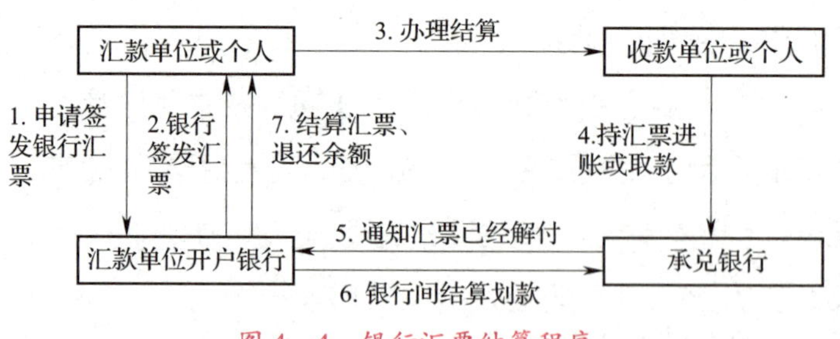

图 4—4　银行汇票结算程序

4．银行汇票的背书

背书是指在票据背面或者粘单上记载有关事项并签章的票据行为。银行汇票可以背书转让，汇票债务可以设立担保。

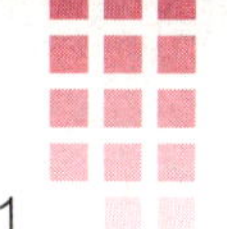

（1）背书的方法

1）持票人可以将汇票权利转让给他人或者将一定的汇票权利授予他人行使。出票人在汇票上记载“不得转让”字样的，汇票不得转让。持票人行使转让的权利时，应当背书并交付汇票。

2）票据凭证不能满足背书人记载事项的需要，可以加附粘单，粘附于票据凭证上。粘单上的第一记载人，应当在汇票和粘单的粘接处签章。

3）背书由背书人盖章并记载背书日期。背书未记载日期的，视为在汇票到期日前背书。

4）汇票以背书转让或者以背书将一定的汇票权利授予他人行使时，必须记载被背书人名称。

5）以背书转让的汇票，背书应当连续。持票人以背书的连续证明其汇票权利；非经背书转让而以其他合法方式取得汇票的，应该依法举证，证明其汇票权利。上述所称背书连续，是指在票据转让中，转让汇票的背书人与受让汇票的被背书人在汇票上的签章依次前后衔接。

6）以背书转让的汇票，后手应当对其直接前手背书的真实性负责。后手是指在票据签章人之后签章的其他票据债务人。

（2）背书的要求

1）背书不得附有条件。背书时附有条件的，所附条件不具有汇票上的效力。

2）将汇票金额的一部分转让的背书或者将汇票金额分别转让给两人以上的背书无效。

3）背书人在汇票上记载“不得转让”字样，其后手再背书转让的，原背书人对后手的被背书人不承担保证责任。

4）背书记载“委托收款”字样的，被背书人有权代理背书人行使委托的汇票权利。但是，被背书人不得再以背书转让汇票权利。

5）汇票可以设定质押。质押时应当以背书记载“质押”字样，被背书人依法实现其质权时，可以行使汇票权利。

6）汇票被拒绝承兑、被拒绝付款或者超过付款提示期限的，不得背书转让；背书转让的，背书人应当承担汇票责任。

7）背书人以背书转让汇票后，即承担保证其后手所持汇票承兑和付款的责任。背书人在汇票得不到承兑或者付款时应当向持票人清偿其应收的金额和费用。

8）银行汇票的背书转让以不超过出票金额的实际结算为准。

9）未填写实际结算金额或实际结算金额超过出票金额的银行汇票不得背书转让。

四、银行本票

银行本票是申请人将款项交存银行，由银行签发的承诺自己在见票时无条件支付确定的金额给收款人或者持票人的票据。

1. 银行本票的种类

银行本票按照其金额是否固定，可分为定额银行本票和不定额银行本票两种。

定额银行本票是指凭证上预先印有固定面额的银行本票。不定额银行本票是指凭证上金额栏是空白的，签发时根据实际需要填写金额并用压数机压印金额的银行本票。不定额银行本票式样如图 4—5 所示。

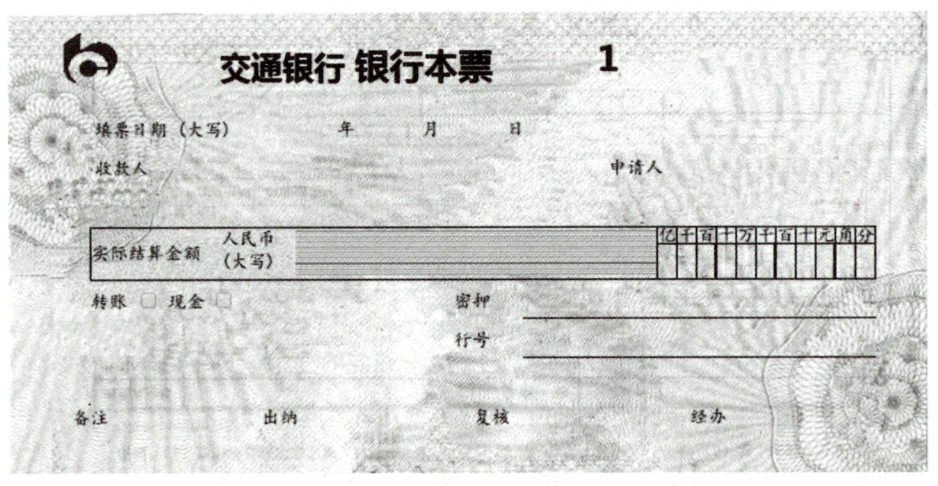
交通银行 银行本票 1
填票日期（大写） 年 月 日
收款人 申请人
实际结算金额 人民币（大写）

亿	千	百	十	万	千	百	十	元	角	分

转账 □ 现金 □ 密押
行号
备注 出纳 复核 经办

图 4—5 不定额银行本票式样

2. 银行本票的填制

根据《中华人民共和国票据法》的规定，银行本票必须记载以下内容：

（1）表明“银行本票”的字样。

（2）无条件支付的承诺。

（3）确定的金额。

（4）收款人名称。

（5）出票的日期。

（6）出票人的签章。

3. 银行本票的结算规定

在办理银行本票结算时，应遵循以下规定：

（1）银行本票一律记名，允许背书转让。

（2）不定额银行本票的金额起点为 100 元，定额银行本票面额包括 1,000 元、5,000 元、10,000 元和 50,000 元四种。

（3）银行本票的提示付款期为两个月。逾期的银行本票，兑付银行不予受理。

（4）申请办理银行本票，应向银行提交银行本票申请书，详细填写收款方名称。需要支取现金的，在银行本票上划去“转账”字样，填写“现金”字样。不定额银行本票用压数机压印金额。银行本票办妥后交给申请人。

（5）银行本票申请书一式三联，第一联由签发单位或个人留存，第二联为签发银行办理本票的付款凭证，第三联为签发银行办理本票的收款凭证。

（6）未在银行开立账户的收款方，凭具有“现金”字样的银行本票向银行支取现金，应在银行本票背面签字或盖章，并向银行交验有关证件。

（7）银行本票见票即付，不予挂失，遗失的不定额银行本票在付款期满后一个月内确未被冒领的，可以办理退款手续。

（8）申请人因银行本票超过付款期或者企业原因要求退款时，可持银行本票到签发银行办理。

五、商业汇票

商业汇票是出票人签发的，委托付款人在指定日期无条件支付确定的金额给收款人或者持票人的票据。

1. 商业汇票的种类

商业汇票按承兑人不同，可以分为银行承兑汇票和商业承兑汇票两种。银行承兑汇票由银行承兑，商业承兑汇票由银行以外的付款人承兑（付款人为承兑人）。

（1）银行承兑汇票

银行承兑汇票是指由收款人或承兑申请人签发，承兑申请人向开户银行申请，经银行审查同意承兑的票据，如图 4—6 所示。银行承兑汇票的出票人必须具备下列条件：

银行承兑汇票 2 CA 01 00000000

出票日期（大写） 年 月 日

出票人全称		收款人	全称	
出票人账号			账号	
付款行全称			开户银行	

出票金额	人民币（大写）	亿	千	百	十	万	千	百	十	元	角	分

汇票到期日（大写）		付款行	行号	
承兑协议编号			地址	

本汇票请你行承兑，到期无条件付款 出票人签章	本汇票已经承兑，到期日由本行付款汇款 承兑行签章 承兑日期： 年 月 日	
	备注：	复核 记账

此联收款人开户行随托收凭证寄付款行作借方凭证附件

被背书人	被背书人	被背书人
背书人签章 年 月 日	背书人签章 年 月 日	背书人签章 年 月 日

粘贴处

持票人向银行提示付款签章：　　身份证件名称：　号　码：　发证机关：

图 4—6　银行承兑汇票式样

1）在承兑银行开立存款账户的法人及其他组织。

2）与承兑银行具有真实的委托付款关系。

3）资信状况良好，具有支付汇票金额的可靠资金来源。

4）提供一部分保证金，对不足部分提供符合条件的第三人担保或财产抵押。

（2）商业承兑汇票

商业承兑汇票是指由收款人签发，交付款人承兑，或者由付款人签发并承兑的票据，如图 4—7 所示。商业承兑汇票的出票人应为在银行开立账户的法人及其他组织，与付款人具有真实的委托付款关系，并具有支付汇票金额的可靠资金来源。

商业承兑汇票　　2 $\frac{A\ B}{0\ 1}$　00354729

出票日期（大写）　　年　　月　　日

<table>
<tr><td rowspan="3">付款人</td><td>全称</td><td></td><td rowspan="3">收款人</td><td>全称</td><td colspan="2"></td></tr>
<tr><td>账号</td><td></td><td>账号</td><td colspan="2"></td></tr>
<tr><td>开户银行</td><td></td><td>开户银行</td><td colspan="2"></td></tr>
<tr><td colspan="2">出票金额</td><td colspan="4">人民币
（大写）</td><td>亿 千 百 十 万 千 百 十 元 角 分</td></tr>
<tr><td colspan="2">汇票到期日
（大写）</td><td></td><td rowspan="2">付款行</td><td>行号</td><td colspan="2"></td></tr>
<tr><td colspan="2">交易合同号码</td><td></td><td>地址</td><td colspan="2"></td></tr>
<tr><td colspan="3">本汇票已经承兑，到期无条件支付票款
承兑人签章
承兑日期：　　年　　月　　日</td><td colspan="4">本汇票请予以承兑于到期日汇款
出票人签章</td></tr>
</table>

此联收款人开户行随托收凭证寄付款行作借方凭证附件

注意事项：
1. 本票在指定的城市范围使用。
2. 本票经背书人可以转让。

被背书人	被背书人	被背书人
背书人签章 年　月　日	背书人签章 年　月　日	背书人签章 年　月　日

图 4—7　商业承兑汇票式样

知识链接

商业承兑汇票与银行承兑汇票的区别

（1）出票人不同。商业承兑汇票的出票人可以是购货方（付款人），也可以是销货方（收款人）；银行承兑汇票的出票人只能是购货方。

（2）承兑人不同。商业承兑汇票的承兑人为购货方（付款人），银行承兑汇票的承兑人一般为购货方的开户银行。

（3）购货方对到期票据承担的责任不同。无论使用商业承兑汇票还是银行承兑汇票，购货方均应在票据到期日足额交存票据款。如存款账户余额不足支付到期票据款时，对开户行转来的作为债务证明的商业承兑汇票，购货方应退交开户行，由开户行将票据退回收款人，债务的偿还由购销双方协商处理。

对开户行转来的作为债务证明的银行承兑汇票，由于银行负有支付到期票据款的责任，购货方不需将票据退回，但对银行代为支付的票据款应作为逾期贷款处理，按每日万分之五支付逾期贷款利息。

（4）购货方开户银行承担的责任不同。票据到期，购货方账户存款不足支付票据款时，购货方开户银行对到期的商业承兑汇票不承担代为付款的责任，应填制“付款人未付票款通知书”，在委托收款凭证备注栏注明“付款人无款支付”字样，按照委托收款无款支付的手续处理。

作为银行承兑汇票的承兑人，购货方开户银行对到期的银行承兑汇票负有支付票据款的责任。足额支付票据款后，对代为支付的票据款大于购货方账户存款的差额部分作为购货方逾期贷款处理，每日按万分之五补收利息，直到收回该部分款项为止。

（5）持票人持票据贴现承担的责任不同。持票人以未到期的商业承兑汇票向开户银行申请贴现，应承担或有负债的责任。也就是票据到期后，贴现银行由于购货方账户无款或不足支付票据款，无法收回贴现票据款时，应向贴现申请人追索票据款项，贴现申请人账户存款足够支付票据款的，贴现银行可直接从其账户收取，如存款账户余额不足支付票据款的，对不足部分作为逾期贷款处理。

持票人以未到期的银行承兑汇票向开户银行申请贴现，由于购货方开户银行作为汇票的承兑人，具有支付到期票据款的义务，贴现银行可以按期收回贴现票据款，持票人一般不会承担或有负债的责任。

2. 商业汇票的填制内容

签发商业汇票必须记载下列事项：

（1）表明“商业承兑汇票”或“银行承兑汇票”的字样。

（2）无条件支付的委托。

（3）确定的金额。

（4）付款人名称。

（5）收款人名称。

（6）出票日期。

（7）出票人签章。

欠缺记载上列事项之一的，商业汇票无效。

3. 商业汇票的结算规定

（1）商业汇票的适用范围相对较窄，各企业、事业单位之间只有根据购销合同进行合法的商品交易，才能签发商业汇票。除商品交易以外，其他方面的结算，如劳务报酬、债务清偿、资金借贷等不可采用商业汇票进行结算。

（2）商业汇票的使用对象是在银行开立账户的法人及其他组织。使用商业汇票的收款人、付款人以及背书人、被背书人等必须同时具备两个条件：一是在银行开立账户，二是具有法人资格。个体工商户、农村承包户、个人、法人的附属单位等不具有法人资格的单位或个人以及虽具有法人资格但没有在银行开立账户的单位都不能使用商业汇票。

（3）商业汇票的承兑期限由交易双方商定，最长不得超过 6 个月。

（4）未到期的商业汇票可以到银行办理贴现，从而使结算和银行资金融通相结合，有利于企业及时地补充流动资金，维持生产经营的正常进行。

（5）商业汇票在同城、异地都可以使用，没有结算起点的限制，但每张银行承兑汇票的金额最高不超过 1,000 万元人民币。

（6）商业汇票一律记名并允许背书转让。

（7）商业汇票到期后，一律通过银行办理转账结算，银行不支付现金。商业汇票的提示付款期限自汇票到期日起 10 日内。

六、委托收款凭证

委托收款是指债权方出具汇票，委托银行向债务方收取款项的一种结算方式。委托收款凭证是指使用委托收款结算方式时使用的凭证，如图 4—8 所示。

1. 委托收款方式

根据凭证传递方式的不同，委托收款可分为委邮（邮寄划回）和委电（电报划回）两种，由收款方选用。委邮是以邮寄方式由付款方开户银行向收款方开户银行转送委托收款凭证、提供收款依据的方式；委电是以电报方式由付款方开户银行向收款方开户银行转送委托收款凭证、提供收款依据的方式。

ICBC 中国工商银行 托收凭证（受理回单）

1

委托日期　　年　　月　　日

业务类型		委托收款（□邮划、□电划）			托收承付（□邮划、□电划）		
付款人	全称			收款人	全称		
	账号				账号		
	地址	省　　市/县	开户行		地址	省　　市/县	开户行
金额	人民币（大写）					亿 千 百 十 万 千 百 十 元 角 分	
款项内容		托收凭据名称			附寄单证张数		
商品发运情况				合同名称号码			
备注： 复核　　记账		款项收妥日期： 年　月　日			付款人开户银行签章： 年　月　日		

175×100mm　浙工1008　杭州融达票证印制

此联作收款人开户银行给收款人的受理回单

图 4—8　委托收款凭证

2. 委托收款的适用范围

委托收款的适用范围主要包括以下几个方面：

（1）在银行或其他金融机构开立账户的单位和个体经营户的商品交易、应收款项以及其他应收款项的结算。

（2）公用事业单位向用户收取水费、邮电费、煤气费、公房租金等劳务款项及其他应收款项。

（3）委托收款不受金额起点的限制，收款单位所发生的各种应收款项，不论金额大小，只要委托，银行就能办理该项交易。

（4）委托收款不受地域限制，同城、异地均可办理。

3. 委托收款的适用条件

委托收款的适用条件主要包括以下几个方面：

（1）委托收款方式是一种建立在商业信用基础上的结算方式，即收款人提交货物或提供劳务，然后通过银行收款。

（2）委托收款付款期限为 3 天，凭证索回期为 2 天。

（3）银行不负责审查付款单位拒付理由。

（4）银行不参与监督结算过程中所发生的任何争议，由收付双方自行协商解决。

收款单位在选用委托收款方式的时候，应谨慎使用，首先应当了解付款方的

资信状况，然后再斟酌是否使用该结算方式，以免发货或提供劳务后不能及时收回款项。

4. 委托收款凭证的填制

委托收款凭证一式五联，第一联为回单，是收款方开户银行给收款方的回单。第二联为收款凭证，由收款方开户银行作为收入传票。第三联为支款凭证，由付款方开户银行作为付出传票。第四联为收款通知（或发电依据），是收款方开户银行在款项收妥后给收款方的收款通知（或付款方开户银行凭以拍发电报）。第五联为付款通知，是付款方开户银行给付款方按期付款的通知。

具体填制内容如下：

（1）表明“委托收款”的字样。

（2）委托日期。

（3）收款单位的名称、账号（或地址）、开户银行。

（4）付款单位的名称、账号（或地址）、开户银行。

（5）委托的确定金额。

（6）委托收款凭据名称。

（7）附寄单证张数。

（8）合同名称号码。

（9）收款单位签章。

七、托收承付凭证

托收承付也称异地托收承付，是指根据购销合同由收款人发货后委托银行向异地购货单位收取货款，根据合同对单或对证验货后，向银行承认付款的一种结算方式，结算款项划回可用邮寄或电报两种方式。托收承付凭证是指使用托收承付结算方式时使用的凭证，如图4—9所示。

1. 托收承付的适用范围

托收承付的适用范围设定为特定企业之间的商品交易款项。具体包括下列内容：

（1）使用托收承付结算方式的收款单位和付款单位，必须是国有企业、供销合作社以及经营管理较好并经开户银行审查同意的城乡集体所有制工业企业。

托收凭证（受理回单）

年　　月　　日

<table>
<tr><td colspan="2">业务类型</td><td colspan="4">委托汇款（□邮划、□电划） 托收承付（□邮划、□电划）</td></tr>
<tr><td rowspan="4">付款人</td><td>全称</td><td></td><td rowspan="4">收款人</td><td>全称</td><td></td></tr>
<tr><td>账号</td><td></td><td>账号</td><td></td></tr>
<tr><td>地址</td><td></td><td>地址</td><td></td></tr>
<tr><td>开户行</td><td></td><td>开户行</td><td></td></tr>
<tr><td>金额</td><td colspan="3">人民币（大写）</td><td colspan="2">亿 千 百 十 万 千 百 十 元 角 分</td></tr>
<tr><td>款项内容</td><td colspan="2"></td><td>托收凭据名称</td><td></td><td>附寄单证张数</td></tr>
<tr><td>商品发运情况</td><td colspan="3"></td><td>合同名称号码</td><td></td></tr>
<tr><td colspan="3">备注：
复核：　　　　记账：</td><td colspan="2">款项收妥日期：
年　月　日</td><td>收款人签章：
年　月　日</td></tr>
</table>

图 4—9　托收承付凭证式样

（2）办理托收承付结算的款项，必须是商品交易以及因商品交易而产生的劳务供应的款项。代销、寄销、赊销商品的款项，不得办理托收承付结算。

2. 托收承付的适用条件

办理托收承付结算，除符合适用范围的两项规定外，还必须具备以下几个前提条件：

（1）收付双方使用托收承付结算必须签有符合《中华人民共和国合同法》规定的购销合同，并在合同上订明使用托收承付结算方式。

（2）收款人办理托收承付结算必须具有商品已发运的证件，包括铁路、航运、公路等运输部门签发的运单、运单副本和邮局包裹回执等。没有发运证件的，可凭其他有关证件办理，如内贸、外贸部门系统内商品调拨，自备运输工具发送或自提的；易燃、易爆、剧毒、腐蚀性商品以及电、石油、天然气等必须使用专用工具或线路、管道运输的，可凭付款人已收到商品的证明（粮食部门凭提货单及发货明细表）办理托收承付结算。

（3）收付双方办理托收承付结算，必须重合同、守信用，收款人对同一付款人发货托收累计三次收不回货款的，收款人开户银行应暂停收款人向付款人办理托收；付款人累计三次提出无理拒付的，付款人开户银行应暂停其向外办理托收承付结算。

（4）托收承付结算每笔的金额起点为 10,000 元，新华书店系统每笔的金额起点为 1,000 元。

3. 托收承付凭证的填制

托收承付凭证一式五联，第一联为回单，第二联为贷方凭证，第三联为借方凭证，第四联为收账通知，第五联为承付通知。具体填制内容如下：

（1）委托日期。

（2）第＊号。为本期办理托收承付凭证的顺序编号。

（3）付款人。本栏次应根据双方签订的购销合同提供的有关资料，正确填写付款人全称、账号、地址和开户银行名称。

（4）收款人。本栏次应规范填写收款人本单位的全称、账号、地址和开户银行名称，以便于托收承付款项的划回。

（5）托收金额。本栏次填写的大小写金额数字应与附寄的增值税专用发票和运费发票等单证的合计金额数字相等。

（6）附寄单证张数或册数。根据随同托收承付凭证交付开户银行的增值税专用发票、运费发票等单证的实际张数或册数填写。

（7）商品发运情况。应注明商品实际发运情况，包括商品是否发运、采用何种运输方式等。收款人对银行提供的购货方不负担运费的发票，需要取回进行账务处理或自行将运费发票寄给付款人的，应在该栏次注明发运日期和证件号码。

（8）合同名称号码。本栏次应注明向付款人发运商品依据的购货或销货合同名称及号码。

（9）收款人签章。第二联托收承付凭证“收款人签章”处加盖单位的财务专用章或者公章加其法定代表人或其授权代理人的名章。

（10）验货付款。合同规定验货付款的，必须在各联托收承付凭证上加注明显的“验货付款”字样戳记。

八、银行进账单

银行进账单是收款人或持票人对付款人购买商品或偿还债务直接交付或背书转让的银行汇票、银行本票、转账支票和划线支票等票据，是送交银行办理资金收入结算应填制的一种凭证。

1. 银行进账单的使用范围

收款人以银行汇票、银行本票、转账支票和划线支票等票据，向开户银行提示付款时，应在票据正联背面“持票人向银行提示付款签章”处加盖预留银行印鉴（转账支票和划线支票还需在票据背面记载“委托收款”字样及背书日期，在“被背书人栏”记载开户银行名称），并依据上述票据的有关内容填制银行进账单。

2. 银行进账单的填制

银行进账单一式两联，第一联为收账通知，第二联为贷方凭证。除进账单第二联右下方的科目，即对方科目、转账日期、复核、记账由银行填写外，其他各项内容均由收款人填写。银行进账单式样如图 4—10 所示。

交通银行进账单（回单）

年　　月　　日

<table>
<tr><td rowspan="3">出票人</td><td>全称</td><td colspan="3"></td><td rowspan="3">收款人</td><td>全称</td><td colspan="11"></td><td rowspan="7">此联是开户银行交给持票人的回单</td></tr>
<tr><td>账号</td><td colspan="3"></td><td>账号</td><td colspan="11"></td></tr>
<tr><td>开户银行</td><td colspan="3"></td><td>开户银行</td><td colspan="11"></td></tr>
<tr><td rowspan="2">金额</td><td colspan="6" rowspan="2">人民币
（大写）</td><td>亿</td><td>千</td><td>百</td><td>十</td><td>万</td><td>千</td><td>百</td><td>十</td><td>元</td><td>角</td><td>分</td></tr>
<tr><td></td><td></td><td></td><td></td><td></td><td></td><td></td><td></td><td></td><td></td><td></td></tr>
<tr><td colspan="2">票据种类</td><td></td><td>票据张数</td><td></td><td colspan="13" rowspan="3">开户银行签章</td></tr>
<tr><td colspan="2">票据号码</td><td colspan="3"></td></tr>
<tr><td colspan="5">复核　　　　记账</td></tr>
</table>

图 4—10　银行进账单式样

银行进账单的具体填制内容如下：

（1）凭证日期。凭证日期为填写银行进账单的实际日期，与办理转账结算票据所填写的日期不完全一致。

（2）第 * 号。为本次填写银行进账单的顺序编号。

（3）出票人。本栏次的出票人全称、账号和开户银行因票据的种类不同，填写方式也存在一定的差别。

1）转账支票和划线支票未设置出票人栏次，应分别根据出票人印章的出票人名称及出票人账号和付款银行名称填写。

2）银行汇票应根据票据的申请人、账户和出票银行名称填写。

3）银行本票未记载上述内容，应电话咨询后填写。

4）收款人。本栏次应根据持票人的全称、账号和开户银行名称填写。

5）进账单金额。银行本票、转账支票和划线支票根据票面金额填写，银行汇票根据汇票的实际结算金额填写。

6）票据种类。票据种类是指收款人填制银行进账单的票据名称，如转账支票、银行本票等。

7）票据张数。票据张数是指收款人办理转账结算的票据张数。银行汇票包括银行汇票正联和解讫通知两张，其他票据均为票据正联一张。

第二节　与销售相关票证的认知及填制

一、增值税专用发票

增值税专用发票是由国家税务总局监制设计并印制的，只限于增值税一般纳税人领购使用的，既作为纳税人反映经济活动中的重要会计凭证又是销货方纳税义务和购货方进项税额的合法证明。增值税专用发票是增值税计算和管理中重要且合法的专用发票，必须由一般纳税人通过增值税防伪税控系统领购、开具、缴销或认证纸质专用发票及其相应的数据电文。

知识链接

增值税的产生与发展

增值税的产生与社会分工深化发展密切相关。社会分工是人类文明的标志之一，也是商品经济发展的基础，是提高劳动生产力、增加国民财富的主要途径。传统的产品税、商品税对流转额全额征收，流转环节越多，重复征税的程度越严重。由于传统税制政策鼓励企业“大而全”或“小而全”，抑制了企业的重组和专业化发展，为了改变这一局面，增值税便应运而生了。

增值税最初在法国产生。1954 年，时任法国税务总局局长助理莫里斯·洛雷积极推动法国增值税制的制定与实施，通过引入扣除机制解决了重复征税问题，他也因此被誉为“增值税之父”。因为增值税有效地解决了传统销售税的重复征税问题，所以在 20 世纪 70 年代以后，增值税在全球迅速推广。目前，已有 170 多个国家和地区开征了增值税，征税范围大多覆盖所有货物和劳务。

1. 增值税专用发票的开具范围

一般纳税人销售货物（包括视同销售货物在内）、应税劳务或根据《中华人民共和国增值税暂行条例实施细则》规定应当征收增值税的非应税劳务（以下简称销售应税项目），必须向购买方开具专用发票。

但下列情形不得开具专用发票：

（1）商业企业零售的烟、酒、食品、服装、鞋帽（不包括劳保专用的部分）以及化妆品。

（2）销售免税货物不得开具专用发票，法律、法规及国家税务总局另有规定的除外。

此外，向增值税小规模纳税人销售应税项目，可以不开具专用发票。增值税小规模纳税人需要开具专用发票的，可向主管税务机关申请代开。

2. 增值税专用发票的开具要求

增值税一般纳税人应严格按照《增值税专用发票使用规定》开具专用发票，不得错开、代开、虚开。具体要求如下：

（1）项目齐全，与实际交易相符。

（2）字迹清楚，不得压线、错格。

（3）发票联和抵扣联加盖财务专用章或者发票专用章。

（4）按照增值税纳税义务规定的时限开具。具体包括以下规定：

1）采用预收货款、托收承付、委托银行收款结算方式的，时限为货物发出的当日。

2）采用交款提货结算方式的，时限为收到货款或取得索取销售款凭证的当日。

3）采用赊销、分期收款结算方式的，时限为合同约定收款日期的当日。

4）将货物交付他人代销，时限为收到受托人送交的代销清单的当日。

5）设有两个以上机构并实行统一核算的纳税人，将货物从一个机构移送其他机构用于销售，按规定应当征收增值税的，时限为货物移送的当日。

6）将货物作为投资提供给其他单位或个体经营者的，时限为货物移送的当日。

7）将货物分配给股东的，时限为货物移送的当日。

增值税一般纳税人必须按规定时限开具专用发票，不得提前或滞后。对已开具专用发票的货物销售，要及时、足额计入当期销售额计税。凡开具了专用发票，其销售额未按票计入销售账户核算的，一律按偷税处理。对代开、虚开专用发票的，一律按票面所列货物的适用税率全额征补税款，并按《中华人民共和国税收征收管理法》的有关规定，按偷税给予处罚。

3. 增值税专用发票的开具方法

增值税专用发票（即机打专用发票）一式三联，第一联为记账联，第二联为抵扣联，第三联为发票联。纳税人在运用防伪税控系统（以下简称系统）开具专用发票时，应认真检查系统中的电子发票代码、号码与纸质专用发票是否一致。如双方一致时，应将相关开票信息输入并确定后，将一式三联的纸质专用发票放入打印机进行打印。增值税专用发票式样如图 4—11 所示。

增值税专用发票

此联不作报销、扣税凭证使用

NO

开票日期：

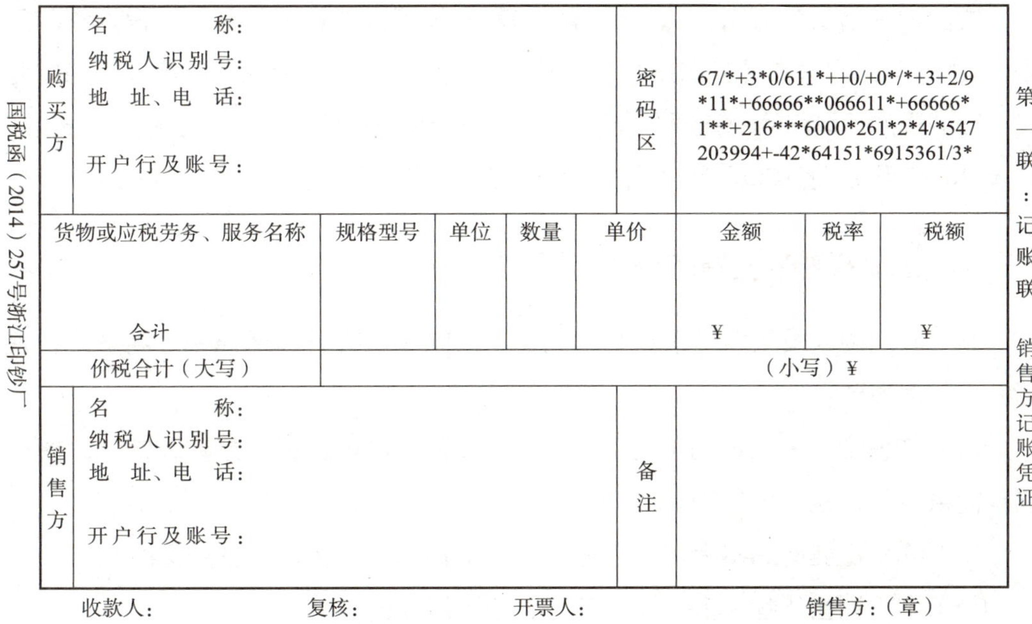

国税函（2014）257号浙江印钞厂

购买方	名　　称： 纳税人识别号： 地　址、电　话： 开户行及账号：				密码区	67/*+3*0/611*++0/+0*/*+3+2/9 *11*+66666**066611*+66666* 1**+216***6000*261*2*4/*547 203994+-42*64151*6915361/3*		
货物或应税劳务、服务名称		规格型号	单位	数量	单价	金额	税率	税额
合计						¥		¥
价税合计（大写）						（小写）¥		
销售方	名　　称： 纳税人识别号： 地　址、电　话： 开户行及账号：				备注			

第一联：记账联　销售方记账凭证

收款人：　　复核：　　开票人：　　销售方：（章）

图 4—11　增值税专用发票式样

具体开具方法如下：

（1）开票日期。开票日期为开具专用发票的实际日期，从系统中取得，不需要操作人员输入。

（2）购买方信息。本部分包括购货单位名称，纳税人识别号，地址、电话，开户银行及账号。在常用管理信息中已经输入了购买方信息的，可以从下拉列表框中选择。对首次进行购货的单位，应依据该单位提供的相应资料直接输入。

（3）密码区。系统依据输入的发票明细资料所得，不需要操作人员输入。

密码设定参数包括发票代码号码、开票日期、购货单位纳税人识别号、销货单位纳税人认别号、金额、税额、价税合计等。如由税务机关代开发票，还应包括主管税务机关代码。系统根据录入的有关开票信息和设定的参数，自动打印出密码。

（4）货物或应税劳务名称、规格型号、单位、数量单价。本部分由操作人员根据该次销售的货物或应税劳务的种类、计量单位、数量、单价逐项输入。

（5）金额、税率、税额、价税合计。本部分不需要操作人员输入，由系统自动生成。

（6）销货单位。本部分包括销货单位名称，纳税人识别号，地址、电话，开户银行及账号。本部分由系统提供，不需要操作人员输入。

（7）开票人。本部分由系统提供，不需要操作人员输入。

二、增值税普通发票

增值税普通发票可以由从事经营活动并办理了税务登记的各种纳税人领购使用。2006 年，国家税务总局推行“一机多票”系统，即将除商业零售以外的增值税一般纳税人开具增值税普通发票纳入增值税防伪税控系统管理，也就是说一般纳税人可以使用同一套增值税防伪税控系统开具增值税专用发票、增值税普通发票等。

1. 增值税普通发票的开具范围

非一般纳税人发生以下销售行为的，不得向购买方开具增值税专用发票，只能开具普通发票：

（1）纳税企业被认定为小规模纳税人（住宿、鉴证咨询、建筑除外）销售货物或提供劳务、应税服务的。

（2）纳税企业向消费者个人销售货物，提供应税劳务、应税服务的。

（3）个人销售货物，提供应税劳务、应税服务的。

（4）销售货物或者提供应税劳务、应税服务适用免税、零税率规定的（国有粮食购销企业销售免税粮食除外）。

（5）小规模纳税人销售自己使用过的固定资产、旧货的。

（6）一般纳税人按简易办法计税销售废旧物资、自己使用过的固定资产的。

（7）一般纳税人的单采血浆站按照简易办法计税销售非临床用人体血液的。

（8）凡达到增值税一般纳税人标准不申请办理认定手续的纳税人或者一般纳

税人会计核算不健全，又或者不能够提供准确税务资料的纳税人销售货物，提供应税劳务、应税服务的。

（9）商业企业一般纳税人零售的烟、酒、食品、服装、鞋帽（不包括劳保专用部分）、化妆品等。

（10）出口销售货物，提供劳务的（除输入特殊区域的水、电、气外）。

（11）金融机构所属分行、支行、分理处、储蓄所等销售实物黄金的。

2. 增值税普通发票的开具要求

增值税普通发票的格式、字体、栏次、内容与增值税专用发票完全一致，按发票联次分为两联票和五联票两种，基本联次为两联，第一联为记账联，销货方用作记账凭证；第二联为发票联，购货方用作记账凭证。此外为满足部分纳税人的需要，在基本联次后添加了三联附加联次，即五联票，供企业选择使用。增值税普通发票式样如图 4—12 所示。

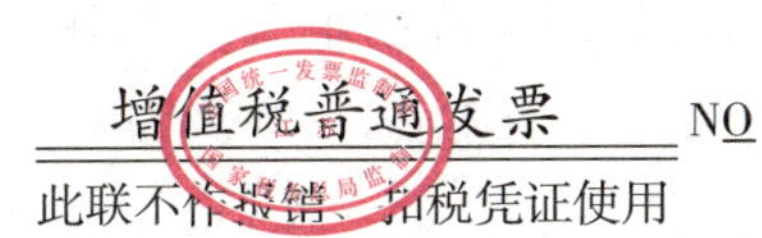

增值税普通发票 NO

此联不作报销、扣税凭证使用

开票日期：

国税函（2014）257号浙江印钞厂

购买方	名称： 纳税人识别号： 地址、电话： 开户行及账号：				密码区	67/*+3*0/611*++0/+0*/*+3+2/9 *11*+66666**066611*+66666* 1**+216***6000*261*2*4/*547 203994+-42*64151*6915361/3*	
货物或应税劳务、服务名称	规格型号	单位	数量	单价	金额	税率	税额
合计					¥		¥
价税合计（大写）					（小写）¥		
销售方	名称： 纳税人识别号： 地址、电话： 开户行及账号：				备注		

第一联：记账联 销售方记账凭证

收款人： 复核： 开票人： 销售方：（章）

图 4—12 增值税普通发票式样

《国家税务总局关于增值税发票开具有关问题的公告》（国家税务总局公告 2017 年第 16 号）规定，自 2017 年 7 月 1 日起，购买方为企业的，索取增值税普通发票时，应向销售方提供纳税人识别号或统一社会信用代码；销售方为其开具增值税普通发票时，应在“购买方纳税人识别号”栏填写购买方的纳税人识别号或统一社会信用代码。不符合规定的发票，不得作为税收凭证。

3. 增值税普通发票的开具内容

自 2017 年 7 月 1 日起，销售方开具增值税发票时，发票内容应按照实际销售情况如实开具，不得根据购买方要求填开与实际交易不符的内容。2017 年 12 月，国家税务总局发布公告，从 2018 年 1 月 1 日起调整增值税普通发票（折叠票）发票代码从现行的 10 位到 12 位。

第 1 位为 0，第 2~5 位代表省、自治区、直辖市和计划单列市，第 6~7 位代表年度，第 8~10 位代表批次，第 11~12 位代表票种和联次，其中 04 代表两联增值税普通发票（折叠票）、05 代表五联增值税普通发票（折叠票）。

增值税普通发票的开具和增值税专用发票的开具内容基本保持一致，在增值税防伪税控系统下统一开具和管理。具体内容包括购买单位、销售单位、商品或者劳务的名称、商品或者劳务的数量和计量单位、单价、价款、开票单位、收款人、开票日期、不含增值税金额、适用税率、应纳增值税额等内容。

第三节　与生产相关票证的认知及填制

一、收料单

收料单是指企业材料仓库对所购进的材料验收入库所出具的一种证明。

1. 收料单的作用

收料单是一次性的自制原始凭证，是购货方对供应商送料或送检时提供的货品进行描述（包括名称、数量、来源等）的单据，以便于购货方后期对货物分拣、入库、上架管理。收料单既是交接完成的证明，也是报税的依据。因企业对材料收发核算的方法不同，收料单所反映的内容也存在一定的区别。按实际成本进行材料核算的企业，收料单反映材料仓库应收和实际收到材料的数量及实际成本；按计划成本进行材料收发核算的企业，收料单还反映材料入库的计划成本，以及计划成本与实际成本所形成的材料成本超支或节约差。

2. 收料单的填制

收料单一般一式三联，第一联为仓库存查使用，第二联为会计记账使用，第三联为供应部门存查使用。收料单式样如图 4—13 所示。收料单可以由企业材料仓库记账人员填制，也可以由仓库和会计部门分别填制，即“数量”等基本内容由仓库收料人员填写，“实际成本”等栏次由会计人员填写。

收　料　单

年　　月　　日

发票号码：　　　　　　　　　　　　　　　　编号：

供应单位：　　　　　　　　　　　　　　　　收料仓库：

材料类别：

<table>
<tr><th rowspan="3">材料 / 编号</th><th rowspan="3">材料名称</th><th rowspan="3">规格型号</th><th rowspan="3">单位</th><th colspan="2">数量</th><th colspan="5">实际成本</th><th rowspan="7">第一联
存根</th></tr>
<tr><th rowspan="2">应收</th><th rowspan="2">实收</th><th colspan="2">买价</th><th rowspan="2">运杂费</th><th rowspan="2">其他</th><th rowspan="2">合计</th></tr>
<tr><th>单价</th><th>金额</th></tr>
<tr><td></td><td></td><td></td><td></td><td></td><td></td><td></td><td></td><td></td><td></td><td></td></tr>
<tr><td></td><td></td><td></td><td></td><td></td><td></td><td></td><td></td><td></td><td></td><td></td></tr>
<tr><td></td><td></td><td></td><td></td><td></td><td></td><td></td><td></td><td></td><td></td><td></td></tr>
<tr><td></td><td></td><td></td><td></td><td></td><td></td><td></td><td></td><td></td><td></td><td></td></tr>
<tr><td colspan="5">合计</td><td></td><td></td><td></td><td></td><td></td><td></td><td></td></tr>
</table>

采购员：　　　　　检验员：　　　　　记账员：　　　　　保管员：

图 4—13　收料单式样

具体填制内容如下：

（1）日期。填写收到供货单位发运材料的当日。

（2）供应单位。供应单位即材料销售单位，根据增值税专用发票注明的“销售方”名称填写。

（3）发票号码。根据增值税专用发票印制的票据号码填写。

（4）材料名称。根据增值税专用发票“货物或应税劳务、服务名称”栏填列的材料名称顺序填写。

（5）规格型号。根据增值税专用发票“货物或应税劳务、服务名称”栏填列的材料规格型号或发票中设置“规格型号”栏的有关内容对应填写。

（6）单位。单位即材料计量单位，根据增值税专用发票“单位”栏的内容与其材料名称对应填写。

（7）数量。本部分的数量包括应收和实收两项内容。应收数量根据增值税专用发票“货物或应税劳务名称”所列材料名称同一行次的“数量”栏有关数据对应填写；实收数量根据仓库收料人员收到某种材料的实际数量填写。

（8）实际成本。本部分包括入库材料的单价、买价、运杂费和合计四项内容。单价根据增值税专用发票“货物或应税劳务、服务名称”所列材料名称同一行次的“单价”栏有关数据对应填写，其他三项内容根据“材料采购成本计算表”同一材料名称的相应栏次的有关数据对应填写。

（9）收料单签名。收料单应由仓库收料人员、业务采购人员和仓库主管分别在相应位置签字，以明确各自的经济责任。

二、领料单

领料单是指企业的车间为制造产品、提供劳务或企业管理部门根据经营管理需要领取所需材料而填写的一种领料凭证。

1. 领料单的作用

企业的材料仓库根据领料单向车间或部门发出所需材料，既可以保证车间加工产品、提供劳务以及企业经营管理的需要，又可以对仓库的各种物资加强管理，使其做到账实相符，以保证企业储备资金的安全完整。

2. 领料单的填制

领料单为企业的自制原始凭证，一般一式四联，第一联为仓库存查使用，第二联为会计记账使用，第三联为领用单位存查使用，第四联为供应部门存查使用。领料单式样如图 4—14 所示。

领　料　单

仓库：　　　　　　　　　　　　年　　月　　日　　　　　　领料单编号：

<table>
<tr><td rowspan="2">编号</td><td rowspan="2">类别</td><td rowspan="2">材料名称</td><td rowspan="2">规格</td><td rowspan="2">单位</td><td colspan="2">数量</td><td colspan="2">实际价格</td></tr>
<tr><td>请领</td><td>实发</td><td>单价</td><td>金额</td></tr>
<tr><td></td><td></td><td></td><td></td><td></td><td></td><td></td><td></td><td></td></tr>
<tr><td></td><td></td><td></td><td></td><td></td><td></td><td></td><td></td><td></td></tr>
<tr><td></td><td></td><td></td><td></td><td></td><td></td><td></td><td></td><td></td></tr>
<tr><td></td><td></td><td></td><td></td><td></td><td></td><td></td><td></td><td></td></tr>
<tr><td colspan="5">合计</td><td></td><td></td><td></td><td></td></tr>
<tr><td rowspan="3">用途</td><td colspan="4" rowspan="3"></td><td colspan="2">领料部门</td><td colspan="2">发料部门</td></tr>
<tr><td>负责人</td><td>领料人</td><td>核准人</td><td>发料人</td></tr>
<tr><td></td><td></td><td></td><td></td></tr>
</table>

第一联 存根

图 4—14　领料单式样

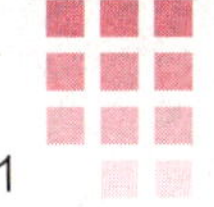

具体填制内容如下：

（1）日期。填写车间或部门领用材料的日期。

（2）领用单位。填写领用材料的车间或部门名称。

（3）材料名称、规格型号、单位。根据仓库设置的材料账簿对车间或部门领取的材料名称及规格型号和相应的计量单位进行填写。

（4）数量。本部分包括请领数量和实发数量两项内容。请领数量按车间或部门申请领取的某种材料数量填写，实发数量按仓库实际发出的该种材料数量填写。

（5）备注。填写领用某种材料的具体用途，如制造某产品领料、车间修理领料等，便于财会部门填写记账凭证时准确使用会计科目。

（6）领料单签名。车间或部门的领料人、仓库发料人和仓库主管应在领料单的相应位置签字，以明确各自的经济责任。

三、产成品入库单

产成品入库单是指企业产成品库将生产车间按期交付符合质量标准的产成品验收入库所填制的一种凭证。

1. 产成品入库单的作用

生产车间定期将一定数量的合格产品交送仓库，有利于产成品库及时向购货单位发出所需商品，满足市场需求，进一步加速企业资金的循环与周转。产成品库应对生产车间交送的合格产品及时入库，填制产成品入库单，以便于会计部门依据各种产成品的入库数量，期末进行成本核算，正确计算各种产品的成本。

2. 产成品入库单的填制

产成品入库单为自制原始凭证，由产成品库保管人员填制。产成品入库单一般一式五联，第一联为仓库存查使用，第二联为会计记账使用，第三联为车间存查使用，第四联为生产部门存查使用，第五联为销售部门存查使用。产成品入库单式样如图 4—15 所示。

具体填制内容如下：

（1）日期。填写收到生产车间交货的实际日期。

（2）产品编号。填写产品类别编号。

产成品入库单

年 月 日

产品编号	产品名称	计量单位	实收数量	单位成本	总成本	备注

主管： 保管： 交库： 会计：

图 4—15 产成品入库单式样

（3）产品名称。填写车间交送货物的具体名称。

（4）计量单位。填写车间交送货物所规定的计量单位，如钢材的计量单位为吨、卷烟的计量单位为标准箱、标准件的计量单位为千件等。

（5）实收数量。填写车间交送货物或产成品的实际数量。

（6）单位成本。填写车间交送某种产成品的单位成本。

（7）总成本。填写车间交送某种产成品的总成本。

四、产成品出库单

产成品出库单是指企业对有关单位进行商品销售时填制的一种产成品出库凭证。

1. 产成品出库单的作用

企业对外销售商品时，产成品库依据销售部门开具的产成品销售通知单等有关内容要求，填制产成品出库单，据以向购货单位及时发出所需商品，以加速企业资金的周转，并将该出库单作为企业编制产成品销售数量汇总表的依据，以便正确结转商品销售成本。

2. 产成品出库单的填制

产成品出库单为自制原始凭证，一般一式三联，第一联为仓库存查使用，第二联为会计记账使用，第三联为销售部门存查使用。产成品出库单式样如图 4—16 所示。

具体填制内容如下：

（1）日期。填写向购货单位发出产成品的日期。

（2）购货单位。根据销售部门开具的产成品销售通知单上载明的购货单位名称填写。

产成品出库单

领用单位：　　　　　　　　　　　　年　　月　　日　　　　　　　编号：

产品名称	规格型号	计量单位	出库数量	备注

主管：　　　　　　　审核：　　　　　　　保管：　　　　　　　经手人：

图 4—16　产成品出库单式样

（3）产品名称、规格型号、计量单位。根据销售部门开具的产成品销售通知单的相关栏次内容，并结合产成品库设置的库存商品数量账的有关内容填写。

（4）出库数量。出库数量根据销售部门开具的产成品销售通知单的数量填写。

（5）备注。填写向购货单位发货的方式。根据销售部门开具的产成品销售通知单的要求填写，如“自提”或“代为发货”等。

（6）出库单签名。制表人、提货人（采用自提方式发货填写）、发货人和仓库主管应在相应位置签字，以明确各自的经济责任。

第四节　与其他经济活动相关票证的认知及填制

一、借款单

借款单是指企业职工因工作需要，经单位领导批准，向财务部门借取一定数量现金的借据。

1. 借款单的作用

企业职工因公出差或在市区为企业购买金额不大的零星物品时，应填写借款单，经企业有关领导签字同意后据以向财务部门借取现金。借款单一式两联，一联由借款人自存，便于与会计部门核对“其他应收款”账目；一联经单位领导签字同意后到会计部门领取现金，由会计人员记账。借款单必须附在填制的记账凭证后面，收回借款时应另开收据，不得退回原借款单。

2. 借款单的填制

借款单为自制原始凭证，由借款人填写。借款单式样如图 4—17 所示。

借　款　单

年　　月　　日

资金性质：

部门		借款人	
借款理由			
金额	大写：		小写：¥
领导批示		财务主管	
部门主管：	出纳：	领款人签收：	

图 4—17　借款单式样

借款单的填制内容如下：

（1）日期。填写借款的实际日期。

（2）部门。填写借款人所在的科室或车间名称。

（3）借款理由。填写借取现金的具体理由，如参加某地某会议等。

（4）金额（大写）。借款人借取的金额应按照中文大写的规定填写，并与小写金额一致。

（5）借款单签名。借款单由借款人填写完整签名后，先经所在部门的主管签字认可，再由所在单位领导审核后签字。

二、收款收据

收款收据是指借款人借取款项进行正常报销后，会计人员依据应退回现金余额开具的收款证明。

1. 收款收据的作用

借款人因工作需要借取现金，不论出差返回单位或在市区购买零星物品后，都应及时核销应由企业负担的有关费用，退回借款余额。收款收据在出纳人员结清应收借款余款后填制。收款收据一般一式两联，一联交付交款人存查，作为退回借款余额的凭据；一联由会计人员填制现金收款凭证，分别登记现金日记账和其他应收款明细账，进行相应的会计核算。

2. 收款收据的填制

收款收据为自制原始凭证，式样如图 4—18 所示。

收 款 收 据　No

年　月　日

今收到	存根（白）
系付	
金额（大写）佰　拾　万　仟　佰　拾　元　角　分	记账（黄）
¥：　　（单位盖章）	

核准：　会计：　记账：　出纳：　经手人：

图 4—18　收款收据式样

收款收据的填制内容如下：

（1）日期。填写收到借款人交回现金的实际日期。

（2）今收到。填写收到交款对象的名称。

（3）人民币（大写）。填写收到人民币的实际金额。人民币（大写）应符合中文大写的规定，并与小写金额一致。

（4）系付。填写收到现金的具体理由，如收到退回借款余额等。

（5）收据签名。收据由出纳人员填写完整后签名，加盖财务部门公章，并由经手人（即交款人）填写本人姓名。

练习题

一、单选题

1. 下列付款方式中，适用于支票的付款方式是（　　）。

A. 见票即付　　B. 见票后定期付款

C. 定日付款　　D. 出票后定期付款

2. 支票的提示付款期为（　　）天。

A. 3　　B. 7　　C. 10　　D. 15

3. 商业汇票的承兑期限一般不超过（　　）个月。

A. 1　　B. 3　　C. 6　　D. 10

4. 由付款人直接委托银行将款项支付给收款人的结算方式是（　　）。

A. 委托收款　　B. 支票　　C. 银行本票　　D. 银行汇票

二、多选题

1. 商业汇票分为（　　）。

A. 银行本票　　B. 银行汇票

C. 商业承兑汇票　　D. 银行承兑汇票

2. 银行本票分为（　　）。

A. 定额本票　　B. 非定额本票

C. 定额汇票　　D. 非定额汇票

3. 可支取现金的支票有（　　）。

A. 现金支票　　B. 转账支票　　C. 普通支票　　D. 划线支票

4. 可以背书转让的票据有（　　）。

A. 商业汇票　　B. 支票　　C. 银行汇票　　D. 银行本票

5.（　　）结算方式可以用于异地结算。

A. 委托收款　　B. 汇兑　　C. 银行汇票　　D. 银行本票

三、判断题

1. 现金支票是指出差人员随身携带的现金。（　　）

2. 划线转账支票既可以转账也可以支取现金。（　　）

3. 汇票可以分为银行汇票和商业汇票。（　　）

4. 银行本票按照其金额是否固定，可分为定额本票和不定额本票两种。（　　）

5. 银行承兑汇票的出票人只能是购货方。（　　）

6. 商业汇票在同城、异地都可以使用，而且没有结算起点的限制。（　　）

7. 委托收款是指债权方出具汇票，委托银行向债务方收取款项的一种结算方式。（　　）

8. 个体工商户、国有控股企业可以使用托收承付结算方式。（　　）

9. 商业企业零售的烟、酒、食品、服装、鞋帽（不包括劳保专用的部分）以及化妆品等不能开具增值税专用发票。（　　）

10. 纳税企业被认定为小规模纳税人（住宿、鉴证咨询、建筑除外）销售货物或提供劳务、应税服务的可以开具增值税普通发票。（　　）

四、技能练习

资料：北方实业股份有限公司 2017 年 6 月 15 日开出 1,000 元现金支票提现备用。

要求：请填写现金支票（见图 4—19）。

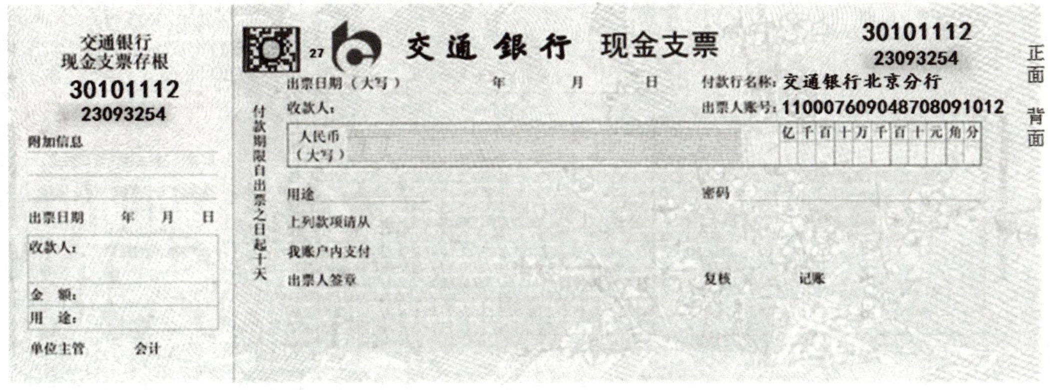

交通银行
现金支票存根
30101112
23093254
附加信息

出票日期　年　月　日
收款人：
金　额：
用　途：
单位主管　会计

27 交通银行　现金支票　30101112
23093254

付款期限自出票之日起十天

出票日期（大写）　年　月　日　付款行名称：交通银行北京分行
收款人：　出票人账号：1100076090487080910 12

人民币（大写）	亿	千	百	十	万	千	百	十	元	角	分

用途　密码
上列款项请从
我账户内支付
出票人签章　复核　记账

正面
背面

图 4—19　现金支票

第五章
会计资料的整理与保管技能

学习目标

- 了解会计资料的整理内容
- 了解会计资料的装订技巧
- 掌握会计资料的保管期限

第一节　会计资料的整理与装订

会计资料包括会计凭证、会计账簿、财务会计报告和其他有关资料，是会计核算不同环节形成的记载有关单位经济业务活动情况信息的重要文件，是会计信息的载体。会计资料所记录和提供的信息是反映单位财务状况和经营成果，进行经营管理和投资决策的重要依据。任何单位在完成经济业务手续和记账之后，必须按规定立卷归档，形成会计档案资料，妥善保管，以便日后随时查阅。掌握会计资料的整理与装订技能对日后会计档案的保管及查询至关重要。

一、会计资料的整理

1. 会计凭证的整理要求

会计凭证是记录经济业务内容、明确经济责任、具有法律效力的证明文件，是登记账簿的依据，是重要的经济档案和历史资料。会计凭证的整理主要是对记账凭证所附的原始凭证进行整理。具体整理要求如下：

（1）各种记账凭证连同所附原始凭证和原始凭证汇总表，要分类按顺序编号，定期（一天、五天、十天或一个月）装订成册，并加具封面、封底，注明单位名称、凭证种类、所属年月和起讫日期、起止号码、凭证张数等。为防止任意拆装，应在装订处贴上封签，并由经办人员在封签处加盖骑缝章。

（2）对一些性质相同、数量很多或各种随时需要查阅的原始凭证，可以单独装订保管，在封面上写明记账凭证的时间、编号、种类，同时在记账凭证上注明“附件另订”。

（3）各种经济合同和重要的涉外文件等凭证，应另编目录，单独登记保管，并在有关原始凭证和记账凭证上注明。

（4）其他单位因有特殊原因需要使用原始凭证时，经本单位负责人批准，可以复制，但应在专门的登记簿上进行登记，并由提供人员和收取人员共同签章。

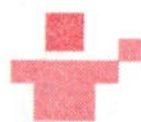

技能点拨

会计实务中收到的原始凭证纸张往往大小不一，需要按照记账凭证的大小进行折叠或粘贴。对面积大于记账凭证的原始凭证采用折叠的方法，按照记账凭证的面积尺寸，将原始凭证先自右向左，再自下向上两次折叠。折叠时应注意将凭证的左上角或左侧面空出，以便于装订后的展开查阅。对于纸张面积过小的原始凭证，则采用粘贴的方法，即按一定次序和类别将原始凭证粘贴在一张与记账凭证大小相同的白纸上。粘贴时应尽量将同类同金额的单据粘在一起，粘贴完成后，应在白纸一旁注明原始凭证的张数和合计金额。

2. 会计账簿的整理要求

（1）在账簿启用及整本账簿记完后，检查账簿启用表及经管账簿人员一览表是否填写完整，主要内容有：账簿名称、账簿编号、账簿册数、第几册、启用日期、账簿页数、主管签章、会计主管签章、接管日期、接管人签章、会计主管签章等。

（2）会计账簿在办理完年度结账后，只在下一行的摘要栏填写“结转下年”字样，不填制其他内容。

（3）按账簿启用表的有关记载核对各个账户是否相符、账页数是否齐全、序号排列是否连续等。

（4）手工活页账簿应去除空白页，去掉账夹等固定物品，保留有内容的账页，将账页数填写齐全。

（5）把同类业务的账页装订在一起。多栏式活页账、三栏式活页账、数量金额式活页账等不得混装。手工的现金日记账、银行日记账等常用固定账本不拆去空白页，但一般在记录账页的最末一行的上下分别划一条红线，以示结束。此外，还应在会计档案案卷备考表中详细注明已使用账页的页数和空白页数。

（6）在账簿封面上填写账目的种类，会计主管人员和装订人（经办人）签章。

（7）检查排列顺序。正确的排列顺序应为：账簿封面、账簿启用表、经管账簿人员一览表、账户目录、账页、封底。

3. 会计报表的整理要求

（1）检查各类签章是否齐全，是否加盖单位公章、财务部门用章等。会计报

表只有签章齐全才能被法律承认为书面资料。单位法人代表在会计报表上签章，以示对会计报表负全部责任，法定负责人、审核人员和制表人员签章，是对会计报表种类及各项数字的完整性、准确性负责。

（2）各单位编制的会计报表（包括本单位留存的报表和编制的报表底稿）年终时均应按每个月、季、年度分别整理。整理时首先将编制会计报表说明书放在首页，其次是反映全面情况的主要报表，再次是有关明细报表和附表。会计报表应另加封皮，注明起止时间，并由填制人签章。

（3）会计报表应整理平整，防止折角。会计报表在装订前，应按编报目录核对内容是否齐全。

二、会计资料的装订

会计资料作为各单位重要的经济信息资料，必须妥善保管。为了保证会计资料的安全完整，防止散失，便于日后查阅，必须定期将会计资料装订成册。

1. 会计资料的装订要求

（1）封面纸要用120克牛皮纸印制的，封面规格应略大于所附会计资料。

（2）装订前首先应将会计资料进行整理。

（3）要将科目汇总表及T形账户表装订进去，这样便于不查看账本就能快速查找某笔凭证。

（4）不能将同一份会计资料及后附的原始资料拆开装订在两册中，要做到易于翻阅且美观。

（5）会计资料装订时出现厚度不一致时，可用夹塞法，即在左边装订处夹塞，以求厚度与右边持平。夹塞时可用实际工作中使用过的或作废凭证封面，剪裁好适当的宽度，作为夹芯塞进即可。

（6）每本会计资料的封面上都应填写好单位名称、起止号码、凭证张数、财务主管人员和装订人员签章。

2. 装订机的使用方法

财务部门每月涉及大量会计资料的装订工作，由于人工装订（用电钻打孔、针线缝合等）方法落后、噪音大、污染环境、使用有一定的危险性并且装订凭证外观参差不齐，现在大多数企事业单位为了提升工作效率，改换成高效率、噪音小、经济实用且操作更加方便的全自动热熔胶装订机，如图 5—1 所示。

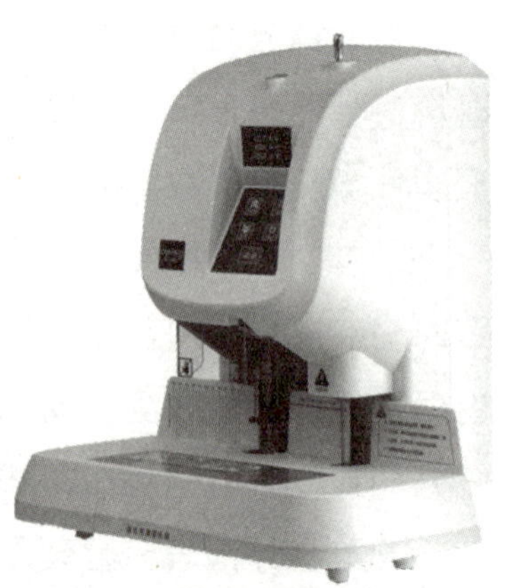

图 5—1 全自动热熔胶装订机

装订机装订方法及步骤如下：

（1）加具会计资料封面，并且将会计资料墩齐。

（2）将会计资料放置在机器案板上打孔，如图 5—2 所示。

（3）进行压铆装订，如图 5—3 所示。

（4）完成装订，如图 5—4 所示。

图 5—2 打孔

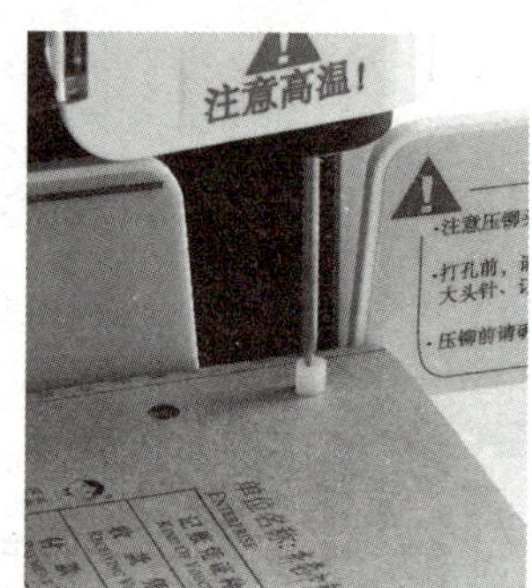

图 5—3 压铆装订

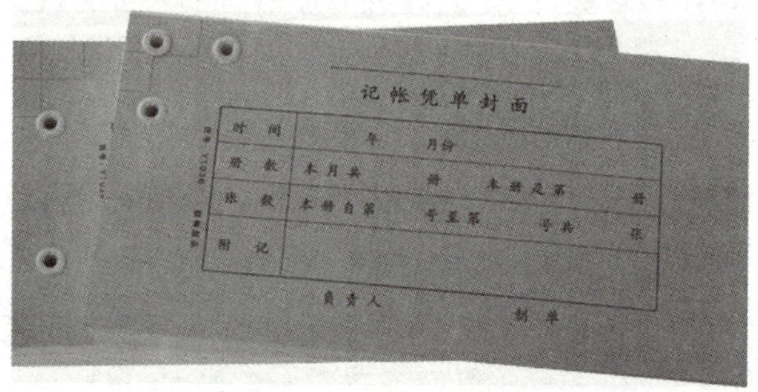

图 5—4 完成装订

第二节 会计资料的归档保管

一、会计资料的归档

根据《中华人民共和国会计法》和《中华人民共和国档案法》等有关法律和行政法规规定，为了加强会计档案管理，有效保护和利用会计档案，国家机关、

社会团体、企业、事业单位和其他组织（以下统称单位）应当加强会计档案管理工作，建立和完善会计档案的收集、整理、保管、利用和鉴定销毁等管理制度，采取可靠的安全防护技术和措施，保证会计档案的真实、完整、可用、安全。

1. 会计资料的归档内容

《中华人民共和国财政部、国家档案局令第 79 号——会计档案管理办法》规定对以下会计资料应当进行归档：

（1）会计凭证类：包括原始凭证、记账凭证。

（2）会计账簿类：包括总账、明细账、日记账、固定资产卡片及其他辅助性账簿。

（3）财务报告类：包括年度财务报告及中期财务报告，具体有会计报表、附表、附注及文字说明和其他财务报告。

（4）其他类：包括如银行存款余额调节表、银行对账单、纳税申报表等其他应当保存的会计核算专业资料、会计档案移交清册、会计档案保管清册、会计档案销毁清册、会计档案鉴定意见书以及其他具有保存价值的会计资料等。

2. 会计资料的归档要求

会计资料的归档工作要按时做好。按月、季、年定期装订的账、表、簿，应分别在次月、次季、次年 15 日前办理归档手续，登记入库。特殊情况经会计主管批准，可以酌情推迟。会计档案入库时，移交人员与档案管理员要进行清点，并登记会计档案保管登记簿。

二、会计资料的保管

1. 会计资料的保管要求

对会计资料应当进行科学管理，做到妥善保管、存放有序、查询方便，不得随意堆放，严防会计资料毁损、散失和泄密。会计资料的保管要采取严格的安全措施。档案室要做到防火、防盗、防水、防光、防高温、防尘、防虫、防鼠，对于磁性介质资料还要做到防磁、防雷。重要资料实行双备份，一份存档案室，另一份异地存放。磁性介质资料应定期复制。会计档案原件原则上不得借出，如有特殊需要，在不拆散原卷册的前提下，履行以下借出手续：

（1）建立会计档案利用和借阅登记清册。

（2）借会计档案的人员，需经领导批准后，方可办理借阅手续。

会计档案在形式上可分为纸质档案和电子档案。纸质档案是以纸为介质保存的会计资料，如原始凭证、票据、合同等具有法律效力的资料，应保存纸质档案。电子档案是指以磁盘、光盘、硬盘等电子信息载体为介质保存的会计资料。会计资料由生成与编制部门负责整理、立卷、保管，定期移送档案室保管。同一介质上有不同保管期限的会计档案的，应按最长期限保管。同一会计档案采用不同介质保存的，至少应有一种介质的会计档案满足保管期限的要求。

知识链接

电子会计档案

《中华人民共和国财政部、国家档案局令第79号——会计档案管理办法》规定：单位可以利用计算机、网络通信等信息技术手段管理会计档案。同时满足下列条件的，单位内部形成的属于归档范围的电子会计资料可仅以电子形式保存，形成电子会计档案。

（1）形成的电子会计资料来源真实有效，由计算机等电子设备形成和传输。

（2）使用的会计核算系统能够准确、完整、有效接收和读取电子会计资料，能够输出符合国家标准归档格式的会计凭证、会计账簿、财务会计报表等会计资料，设定了经办、审核、审批等必要的审签程序。

（3）使用的电子档案管理系统能够有效接收、管理、利用电子会计档案，符合电子档案的长期保管要求，并建立了电子会计档案与相关联的其他纸质会计档案的检索关系。

（4）采取有效措施，防止电子会计档案被篡改。

（5）建立电子会计档案备份制度，能够有效防范自然灾害、意外事故和人为破坏的影响。

（6）形成的电子会计资料不属于具有永久保存价值或者其他重要保存价值的会计档案。

2. 会计资料的保管期限

会计资料的重要程度不同，其保管期限也有所不同。根据《会计档案管理办法》的规定，会计档案保管期限分为永久和定期两类。永久是指会计档案必须永久保存。定期是指会计档案应保存达到法定的时间，会计档案的定期保管期限分为 10 年和 30 年。会计档案的保管期限是从会计年度终了后的第一天算起。会计档案归档范围及保管期限见表 5—1。

表 5—1　　　　会计档案归档范围及保管期限

序号	档案名称	保管期限	备注
一	**会计凭证**		
1	原始凭证	30 年	
2	记账凭证	30 年	
3	汇总凭证	30 年	
二	**会计账簿**		
4	总账	30 年	
5	明细账	30 年	
6	日记账	30 年	
7	固定资产卡片		固定资产报废清理后保管 5 年
8	其他辅助性账簿	30 年	
三	**财务会计报告**		
9	月度、季度、半年度财务会计报告	10 年	
10	年度财务会计报告	永久	
四	**其他会计资料**		
11	银行存款余额调节表	10 年	
12	银行对账单	10 年	
13	纳税申报表	10 年	
14	会计档案移交清册	30 年	
15	会计档案保管清册	永久	
16	会计档案销毁清册	永久	
17	会计档案鉴定意见书	永久	

练习题

一、单选题

1. 下列会计资料需要保存 30 年的是（　　）。

A. 记账凭证　　B. 会计报告

C. 银行存款余额调节表　　D. 会计档案保管清册

2. 下列会计资料需要永久保存的是（　　）。

A. 记账凭证　　B. 年度会计报告

C．银行存款余额调节表　　D．明细账

3．下列说法错误的是（　　）。

A．借会计档案的人员，需经领导批准后，方可办理借阅手续

B．会计档案的保管期限是从会计年度终了后的第一天算起

C．会计档案的保管要采取严格的安全措施

D．会计档案的定期保管期限分为 10 年和 35 年

二、多选题

1．下列会计档案中，不得销毁的有（　　）。

A．已保管 30 年的原始凭证

B．保管期满但未结清的债权债务原始凭证

C．年度财务会计报告

D．已保管 30 年的汇总凭证

2．下列会计资料需要保存 10 年的是（　　）。

A．月度、季度、半年度财务会计报告

B．会计档案销毁清册

C．纳税申报表

D．明细账

3．会计档案保管期限分为（　　）。

A．永久　　B．定期　　C．30 年　　D．不定期

三、判断题

1．原始凭证、记账凭证和汇总凭证需保存 30 年。（　　）

2．因有特殊原因需要借用会计资料时，经本单位负责人批准，可以复制会计资料，但应在专门的登记簿上进行登记，并由提供人员和收取人员共同签章。（　　）

3．同一介质上有不同保管期限的会计档案的，应按最长期限保管。（　　）

四、技能训练

资料：宏光公司财务部 2018 年 3 月发生以下事项：

1．3 日，税务机关来调查上任会计主管经济问题，得到会计档案保管人员李某同意后，将部分记账凭证和数本账册借给税务机关。

2. 5 日，由于记账凭证太多，李某将保存期满 30 年的会计凭证销毁。

3. 9 日，由于公司扩大规模，会计档案室被占用，新会计档案室未建好，李某将会计档案堆放在楼梯下杂物间内。

要求：请根据《会计档案管理办法》的规定，指出会计档案保管员李某哪些做法不符合规定，并说明理由。

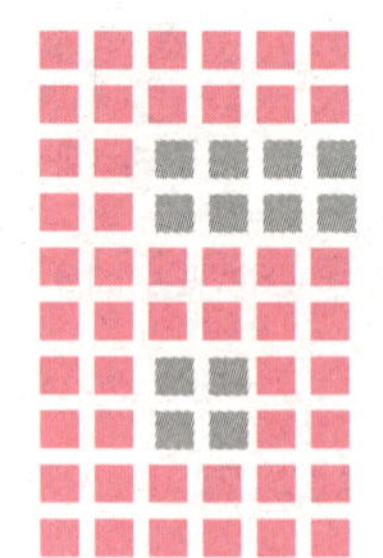

第六章
外币使用技能

学习目标

- 了解外汇的基本知识
- 熟悉外币使用的基本技能
- 掌握外币的鉴别方法
- 了解外币旅行支票的特点

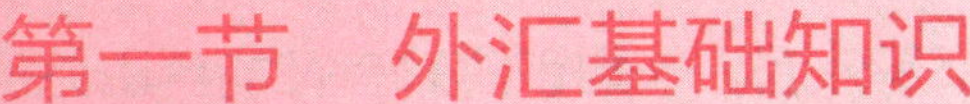

第一节　外汇基础知识

外汇是大家耳熟能详的一个词，外汇市场是全球最大的金融市场，平均每天资金流量远远超过股票、债券等其他金融市场。然而对于很多人来说，真正接触外汇的机会并不多。因此，我们有必要了解一下外汇的基础知识。

一、外汇的含义

1. 外汇的概念

外汇是货币行政当局（中央银行、货币机构、外汇平准基金和财政部）以银行存款、财政部库券、长短期政府证券等形式所保有的在国际收支逆差时可以使用的债权，包括外国货币、外币存款、外币有价证券（政府公债、国库券、公司债券、股票等）、外币支付凭证（票据、银行存款凭证、邮政储蓄凭证等）。

我国《外汇管理条例》第三条对外汇的具体内容作出了规定。外汇是指下列以外币表示的可以用作国际清偿的支付手段和资产：①外币现钞，包括纸币、铸币；②外币支付凭证或者支付工具，包括票据、银行存款凭证、银行卡等；③外币有价证券，包括债券、股票等；④特别提款权；⑤其他外汇资产。

综上所述，外汇就是外国货币或以外国货币表示的能用于国际结算的支付手段或凭证。从动态上来说，外汇是指把一个国家的货币兑换成另外一个国家的货币，借以清偿国际间债权债务关系的一种专门性经营活动，它是国际间汇兑的简称。需要特别指出的是，有些国家的货币不能在国际市场上自由兑换，所以它在国外只能算外币而不是外汇。

2. 外汇的分类

外汇有多种分类法，根据其能否自由兑换，可分为自由外汇和记账外汇；根据其来源和用途，可分为贸易外汇和非贸易外汇；根据其买卖的交割期，可分为即期外汇和远期外汇。在我国外汇银行业务中，还经常要区分外汇现钞和外汇现汇。

外汇现钞是指外国钞票、铸币，主要由境外携入。外汇现汇是指其实体在货币发行国本土银行的存款账户中的自由外汇，主要由国外汇入，或由境外携入、寄入的外币票据，经银行托收，收妥后存入。

外国钞票不一定都是外汇。外国钞票只有在能自由兑换，或者说能重新回流到其所属国家，而且可以不受限制地存入该国的任意一家商业银行的普通账户中，并在需要时可以任意转账的，才能称为外汇。

知识链接

外汇和外币

外汇和外币是两个不同的概念。外汇包含了外币，外币属于外汇的一种，它们两者是包含关系。外汇的用途主要有以下几个：①用于国际贸易和清算的支付手段和信用工具；②用来调剂国际间资金余缺；③可以作为一个国家的重要国际储备资源。而外币的用途主要就是用于商品支付和货币交换。

二、外汇汇率

1. 汇率的概念

汇率又称汇价，是指一国货币以另一国货币表示的价格，或者说是两国货币间的比价，通常用两种货币之间的兑换比例来表示。例如，USD/CNY=1/7.245 6，即美元和人民币的兑换比率是 1∶7.245 6，也可以说是 1 美元需要用 7.245 6 元人民币进行购买。外汇买卖一般集中在商业银行等金融机构，它们买卖外汇的目的是赚取买卖差价，获得利润。

对于外汇汇率，还需要了解三个基本概念，这也是构成外汇汇率的三个主要部分。

（1）买入汇率

买入汇率也叫买入价，是外汇银行向同业或者客户买进外汇时所使用的汇率。因为其客户主要是出口商，所以买入汇率又称为出口汇率。在直接标价法下，外币折合成本国货币数额较少的那个汇率就是买入价，在间接标价法下刚好相反，本国货币数额较多的那个汇率为买入价。

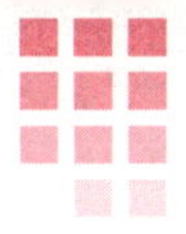

（2）卖出汇率

卖出汇率也叫卖出价，是外汇银行向同业或客户卖出外汇时所使用的汇率。因为其客户主要是进口商，所以卖出汇率又称为进口汇率。在直接标价法下，外币折合成本国货币数额较多的那个汇率就是卖出价。在间接标价法下，本国货币数额较少的就是卖出价。

（3）中间汇率

中间汇率也叫外汇买卖中间价，是买入汇率与卖出汇率的平均数，它是不含银行买卖外汇收益的汇率。

银行在买卖外汇时，要以较低的价格买进，以较高的价格卖出，从中获取营业收入。中间汇率常用来衡量和预测某种货币汇率变动的幅度和趋势。

2. 汇率的制度

为了使各类货币的相关操作规范化、系统化、标准化，必须确定相应的汇率制度。

汇率制度又称汇率安排，是各国普遍采用的确定该国货币与其他货币汇率的体系，是各国或国际社会对于确定、维持、调整与管理汇率的原则、方法、方式和机构等所作出的系统规定。汇率制度对各国汇率的决定有重大影响。按照汇率变动幅度的大小，汇率制度可分为固定汇率制和浮动汇率制。

固定汇率制是指以本位货币本身或法定含金量为确定汇率的基准，是汇率比较稳定的一种汇率制度。在不同的货币制度下具有不同的固定汇率制度。

浮动汇率制是指一国不规定本币与外币的黄金平价和汇率上下波动的界限，货币当局也不再承担维持汇率波动界限的义务，汇率随外汇市场供求关系变化而自由上下浮动的一种汇率制度。

3. 汇率的标价方式

（1）直接标价法

直接标价法是以本国货币来表示一定单位的外国货币的汇率表示方法。一般是 1 个单位或 100 个单位的外币能够折合多少本国货币。目前世界上大多数国家采用直接标价法，我国也采用直接标价法，如美元兑人民币为 1∶7.245 6。

（2）间接标价法

间接标价法是以外国货币来表示一定单位的本国货币的汇率表示方法。一般是 1 个单位或 100 个单位的本国货币能够折合多少外国货币。目前在世界上只有少数国家使用间接标价法（如英国、澳大利亚等），如对英国来说，英镑对人民币汇率为1∶9.4471，这就是间接标价法。

也就是说，直接标价法是固定外币的数量，本币数量随汇率变动，而间接标价法是固定本币数量，外币数量随汇率变动。

知识链接

汇率的特点

按市场惯例，外汇汇率的标价通常由五位有效数字组成，例如，1 欧元 = 1.101 1 美元，1 美元 =120.55 日元等。从右边向左边数过去，第一位称为“X 个点”，它是构成汇率变动的最小单位。通常以最小单位的变化判断涨跌情况，如欧元对美元从 1.101 0 变为 1.101 5，称欧元对美元上升了 5 点；美元对日元从 120.50 变为 120.00，称美元对日元下跌了 50 点。

三、主要外汇市场

目前，世界上大约有 30 多个主要外汇市场，它们遍布于世界各大洲的不同国家和地区。其中，最重要的有欧洲的伦敦、法兰克福、苏黎世和巴黎，北美洲的纽约和洛杉矶，大洋洲的悉尼，亚洲的东京、新加坡和中国香港等。下面介绍几个主要外汇市场。

1. 伦敦

伦敦外汇市场由经营外汇业务的银行及外国银行在伦敦的分行、外汇经纪人、其他经营外汇业务的非银行金融机构和英格兰银行构成。世界 100 家最大的商业银行几乎都在伦敦设立了分行。伦敦外汇市场没有固定的交易场所，而是用电传、电报、电话及电子计算机控制系统进行交易，因此它是一个无形市场。

2. 纽约

纽约外汇市场不仅是美国外汇业务的中心，也是世界上最重要的国际外汇市场之一，从其每日的交易量来看，居世界第二位，也是全球美元交易的清算中心。纽约外汇市场也是无形的外汇市场，由三部分组成：一是银行与客户之间的外汇交易市场，二是纽约银行间的外汇交易市场，三是纽约各银行与国外银行间的外汇交易市场。

3. 东京

东京外汇市场是亚洲最大的外汇交易市场。东京外汇市场在其交易时段内，仅有日元出现波动的概率会大一些，因此，习惯于做日元交易的投机者，往往都是在东京外汇市场交易时段内进行交易。在交易方式上，东京外汇市场与伦敦外汇市场、纽约外汇市场相似，都是无形市场。

4. 中国香港

中国香港是中国特别行政区，也是世界第五大外汇交易中心。香港外汇市场由两个部分构成：一是港元兑外币的市场，其中包括美元、日元、欧元、英镑、加元、澳元等主要货币和东南亚国家的货币，也包括人民币；二是美元兑其他外汇的市场。在香港外汇市场中，美元是所有货币兑换的交易媒介。港币与其他外币不能直接兑换，必须通过美元套购，先换成美元，再由美元折成所需货币。

第二节　外币鉴别方法

鉴别钞票的真伪主要是依靠人的感觉器官检查，辅以工具检查。

因此，鉴别假钞首先要了解真钞的特征和防伪技术，同时也要了解各种类型假钞的伪造方法及特征，通过对比进行鉴别。下面主要介绍美元、欧元和英镑等主要货币的鉴别方法。

一、外币票面的基本要素

各国钞票的票面图案，不仅反映了各国的历史、文化和风俗习惯，也充分反映了各国的科学技术发展水平和生产印刷技术。由于各国历史、文化和风俗习惯不同，科学技术发展水平参差不齐，表现在钞票上的形式和风格也各不一样，但都具备以下几项基本要素。

1. 货币名称

各国货币的名称五花八门，大约有 50 种，如称“元”的有中国、美国、日本、朝鲜、马来西亚、新加坡、澳大利亚、加拿大等，称“镑”的有英国、爱尔兰、埃及、叙利亚等，称“比索”的有菲律宾、墨西哥、阿根廷等。

2. 发行机构

根据不同国家和地区货币发行的有关法律规定，发行钞票的机构各有不同。目前大多数国家的货币是由本国的中央银行发行的；也有的是由政府指定的专门机构发行，如新加坡货币是由新加坡货币局发行的；还有的是由政府核准的银行发行的，如我国香港特别行政区的钞票由香港上海汇丰银行、香港渣打银行和中国银行发行。发行机构的名称通常印在钞票正面的显著位置。

3. 货币券别

货币券别是指货币票面的金额，也就是面值，它是货币实际代表的价值量。各国钞票的面值大小和种类是不同的，这是由商品流通的客观需要决定的。世界上大多数国家主币一般从 1 元到 100 元居多，面额分等为 1 元、2 元、5 元、10 元、20 元、50 元、100 元等，大小面值相差 100 倍，也有的国家大小面值相差 500、1 000 倍。

4. 货币版别

货币版别是指同一面额的货币在版质上的区别，也就是同一面额的货币在票面图案设计、钞票印刷特征和发行时间上的不同，也称版式的不同。不少国家钞票均印有年版，有些还列有月、日表示该钞票发行的年份和日期。但票面上所列日期也不完全表明实际的发行日期，因为有些钞票是很早就已设计印刷但推迟发行的，也有些钞票的某种版式长久不变，票面上的年版日期仅指印刷日期。此外，也有的钞票没有印刷年份和日期。

5. 连号

连号表示某一种式样钞票的发行数量。钞票连号均采用固定的位数（如 6、7、8 或 10 位）。为了循环使用，有的在号码前后加印代表版数的数字或文字，如澳大利亚和加拿大的钞票在背面加印数字和字母，也有通过其他形式表示的。为了防止将两张钞票拼凑成一张，通常连号都采用两组，分别列在钞票正面、背面适当的位置。

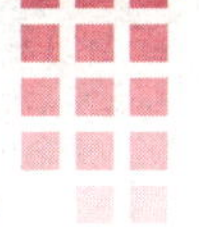

6. 签字和盖章

钞票上的签字和盖章表示该国政府或发行机构对所发行的钞票在法律上的认可。签字一般为两个，也有一个或三个的，有些国家早期钞票上的签字是有权人逐张亲笔签的，后来均为机印。也有少数国家用图章形式，如新加坡的钞票上既有签字又有财政部长的图章。

7. 图案

作为国家法定货币的钞票既有其严肃性又有其艺术性。为了美化票面，除了前述各项内容外，各国钞票上还印有精美的图案，内容充分表现了民族文化的特点，有现代和历史上知名人物的肖像，有代表性的建筑物、风景、动物、植物和各式花纹图案等。

知识链接

世界主要货币名称及代码

人民币 CNY　美元 USD　日元 JPY　欧元 EUR　英镑 GBP
俄罗斯卢布 RUB　韩元 KRW　马来西亚币 MYR　加拿大元 CAD
新加坡元 SGD　泰铢 THB　新西兰元 NZD　澳大利亚元 AUD
瑞典克朗 SEK

二、美元鉴别方法

美元是美国的官方货币，它的出现是由于 1792 年美国《铸币法案》的通过。美元同时也作为储备货币在美国以外的国家广泛使用。

美元的货币代码为 USD，货币符号为 $。目前流通的美元纸币是自 1929 年以来发行的各版钞票，主要是联邦储备券。

美元的发行权属于美国财政部，主管部门是国库，具体发行业务由联邦储备银行负责办理。美元是外汇交换中的基础货币，也是国际支付和外汇交易中的主要货币，在国际外汇市场中占有非常重要的地位。

1. 货币的特点

美元纸币面额有 1 元、2 元、5 元、10 元、20 元、50 元和 100 元 7 种。

美元纸币正面主景图案为人物头像，主色调为黑色，背面主景图案为建筑，主色调为绿色。但不同版别的颜色稍有差异，上面的签名是发行当年的财政部长签名。美元纸币 5 元式样如图 6—1 所示。

图 6—1　美元纸币 5 元式样

美元纸币是用棉纤维和麻制成的，并采用了多重防伪措施，如红蓝纤维特制防伪用纸、附带缩微文字的安全线、雕刻凹版印刷、磁性油墨和变色油墨以及缩微文字等技术。

美元下面印有美国国库印记，联邦储备券的库印印在右边。库印的颜色有绿、蓝、黄、红、棕五种，按券类不同而不同。库印的上方是首都的地名“WASHINGTON，D.C.”。由联邦储备银行印制的美元上除了库印外还有不同联邦银行的行印，其他券种则没有。在美元的正面和背面还印有版号。美元纸币 100 元式样如图 6—2 所示。

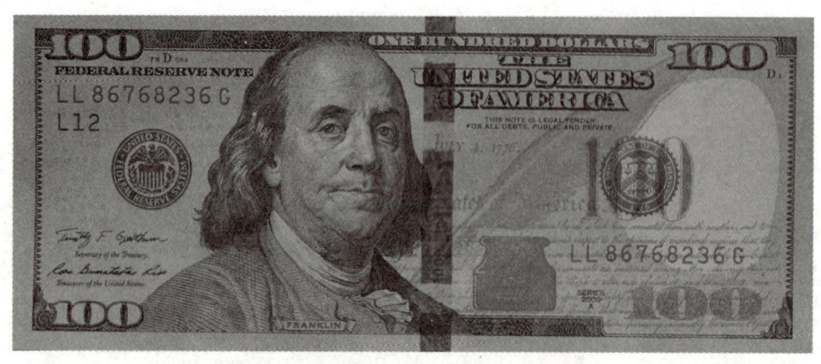

图 6—2　美元纸币 100 元式样

美国流通的硬币共有 1 分、5 分、10 分、25 分、50 分、1 元 6 种面额，1 美元硬币式样如图 6—3 所示。

图 6—3　1 美元硬币式样

2. 真伪鉴别方法

首先要对各版别美元的票面特征和防伪特征进行全面了解和熟练掌握，然后采用直接对比法（眼看、手摸、耳听）和仪器检测法进行鉴别，即通常所说的“一看、二摸、三听、四测”鉴别方法。

（1）一看

首先，看票面的颜色。美元真钞正面主色调为深黑色，背面为墨绿色（1963 年版以后版），冠字号码和库印为翠绿色，并都带有柔润光泽；美元假钞颜色相对不够纯正，色泽也较暗淡。其次，看票面图案、线条的印刷效果。美元真钞票面图案均由点、线组成，线条清晰、光洁（有些线条有轻微的溢墨现象，属正常），图案层次及人物表情丰富，人物目光有神；美元假钞票面线条发虚、发花，有丢点、线的情况，图案缺乏层次，人物表情呆滞、眼睛无神。再次，看光变面额数字。1996 年版起 10 美元以上真钞均采用光变面额数字，变换观察角度可看到颜色由绿变黑；美元假钞或者没有变色效果，或者变色效果不够明显，颜色较真钞也有差异。最后，透光看纸张、水印和安全线。美元真钞纸张有正方形的网纹，纹路清晰，纸中有不规则分布的彩色纤维，1996 年版起，美元纸张加入了与票面人物头像相同的水印，水印层次丰富，有较强的立体感，1990 年版起，5 美元以上面额纸币中加入了文字安全线，线条光洁，线上文字清晰；美元假钞纸张上或者没有网纹，或者网纹比较凌乱，水印图案缺乏层次和立体感，安全线上文字线条精细不匀、字体变形。

（2）二摸

一是摸纸张。美元真钞纸张挺括，光滑度适宜，有较好的韧性；美元假钞纸张相对绵软，挺括度较差，有的偏薄，有的偏厚，光滑度或者较高，或者较低。二是摸凹印手感。美元真钞正、背面主景图案及边框等均采用凹版印刷，用手触摸有明显的凹凸感；美元假钞或者采用平板胶印，根本无凹印手感，或者即使采用凹版印刷，其版纹也比真钞要浅，凹印手感与真钞相比有一定差距。

（3）三听

用手抖动或者手指弹动纸张，美元真钞会发出清脆的声响，美元假钞的声响则较为沉闷。

（4）四测

一是用放大镜观察凹印缩微文字。1990 年版起，5 美元以上面额纸币加印了凹印缩微文字，在放大镜下观察，文字清晰可辨；假钞的缩微文字则较为模糊。二是用磁性检测仪检测磁性。美元真钞的黑色凹印油墨含有磁性材料，用磁性检测仪可检测出磁性；美元假钞或者没有磁性，或者磁性强度与真钞有别。三是用紫外光照射票面。1996 年版以后版的美元安全线会有明亮的荧光反应；美元假钞安全线有的无荧光反应，有的即使有荧光反应，但亮度较暗，颜色也不正。

知识链接

怎样识别美元的真假水印?

（1）确定水印图案是否在正常位置，如果固定水印图案的位置相差较大，一般来说很可能是假水印（有极少数真钞票水印图案偏差也较大）。

（2）印刷或加盖的假水印（在钞纸的表面或两张粘贴的纸里面）迎光透视，图案轮廓线特别清晰，而真钞水印图案的轮廓都是相对清晰的，图案造型柔润。印在钞纸表面的假水印，从侧面倾斜对光看，可见明显的印迹，在紫光灯照射下图案清晰可见，真钞却看不见。

（3）固定水印的人像，真钞神态自然，层次有立体感，黑色、灰色、白色过渡自然。假水印上的人像神态呆板不自然，有的人物不像或模糊不清。

（4）真钞水印分正反两面，一面较平整，另一面稍微有些凸起，用手触摸有浮凸感。假水印两面都平整，在两张薄纸中间涂有糊状物质、加盖印戳的假水印，用手摸纸张也有浮凸感，有的太浮凸，对光透视水印部位纸张透光度很差，也比别的部位要厚。

三、欧元鉴别方法

欧元是欧盟中 19 个国家的货币。使用欧元的 19 个欧盟会员国是德国、法国、意大利、荷兰、比利时、卢森堡、爱尔兰、西班牙、葡萄牙、奥地利、芬兰、立陶宛、拉脱维亚、爱沙尼亚、斯洛伐克、斯洛文尼亚、希腊、马耳他、塞浦路斯。欧元代码为 EUR，符号为€ 。

1. 货币特点

欧元纸币一共有 7 种，分别是 5 欧元、10 欧元、20 欧元、50 欧元、100 欧元、

200 欧元和 500 欧元。欧元硬币一共有 8 种，分别是 1 欧分、2 欧分、5 欧分、10 欧分、20 欧分、50 欧分、1 欧元和 2 欧元。虽然 1 欧分和 2 欧分的硬币一般不在芬兰和荷兰使用，但仍然是法定货币。

欧元硬币由欧元区各国铸造，所有硬币的正面都是相同的，铸有欧洲经货联盟的标志，反面是各国的图案。

欧元纸币用棉纸制造，有特殊的手感，有一部分会凸凹不平，并有一条防伪线，且纸币上端的面值数字使用变色油墨印刷。每种面额的欧元纸币的设计在各国都是一样的。各种纸币正面图案的主要组成部分是门和窗，纸币的反面是桥梁的图案。各种门、窗、桥梁图案分别代表欧洲各时期的建筑风格，颜色分别为灰色、红色、蓝色、橘色、绿色、黄褐色、淡紫色。欧元区各国印制的欧元纸币，正面、背面图案均相同，纸币上没有任何国家标志。欧元 100 元纸币式样如图 6—4 所示。

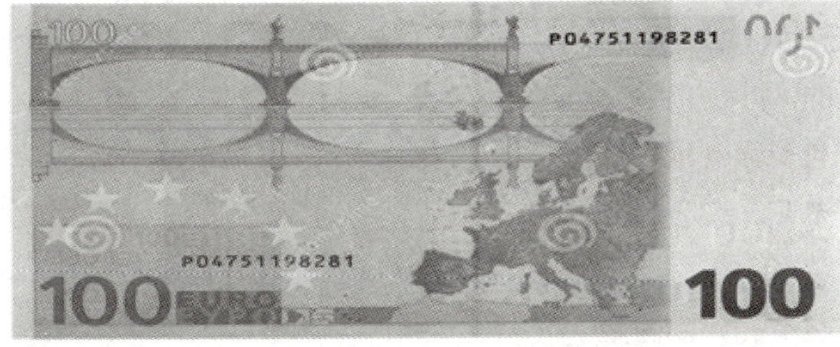

图 6—4　欧元 100 元纸币式样

欧元纸币还有以下主要特征：①用拉丁文和希腊文标明的货币名称；②用 5 种不同语言文字的缩写形式注明的“欧洲中央银行”的名称；③版权保护标志符号；④欧洲中央银行行长签名；⑤欧盟旗帜。

2. 防伪特征

欧元纸币采用了多项先进的防伪技术，主要有以下几方面：

（1）水印

欧元纸币均采用了双水印，即与每一票面主景图案相同的门窗图案水印及面额数字白水印。

（2）安全线

欧元纸币采用了全埋黑色安全线，安全线上有欧元名称（EUR）和面额数字。

（3）对印图案

欧元纸币正、背面左上角的不规则图形正好互补成面额数字，对接准确，无错位。

（4）凹版印刷

欧元纸币正面的面额数字、门窗图案、欧洲中央银行缩写及 200 欧元、500 欧元的盲文标记均采用雕刻凹版印刷技术，摸起来有明显的凹凸感。

（5）珠光油墨印刷图案

5 欧元、10 欧元、20 欧元纸币背面中间用珠光油墨印刷了一个条带，不同角度下可出现不同的颜色，而且可看到欧元符号和面额数字。

（6）全息标志

5 欧元、10 欧元、20 欧元纸币正面右边贴有全息薄膜条，变换角度观察可以看到明亮的欧元符号和面额数字；50 欧元、100 欧元、200 欧元、500 欧元纸币正面的右下角贴有全息薄膜块，变换角度观察可以看到明亮的主景图案和面额数字。

（7）光变面额数字

50 欧元、100 欧元、200 欧元、500 欧元纸币背面右下角的面额数字是用光变油墨印刷的，将钞票倾斜一定角度，颜色由紫色变为橄榄绿色。

（8）无色荧光纤维

在紫外光下，欧元纸张无荧光反应，同时可以看到欧元纸张中有明亮的红、蓝、绿三色荧光纤维。

（9）有色荧光印刷图案

在紫外光下，欧盟旗帜和欧洲中央银行行长签名的蓝色油墨变为绿色，12 颗星由黄色变为橙色，背面的地图和桥梁则全变为黄色。

（10）凹印缩微文字

欧元纸币正、背面均印有缩微文字，用放大镜观察，缩微文字线条饱满且清晰。

3. 真伪鉴别方法

同鉴别美元一样，鉴别欧元纸币也同样要采用“一看、二摸、三听、四测”

的方法。

（1）一看

一是迎光透视，主要观察水印、安全线和对印图案。二是晃动观察，主要观察全息标识，观察 5 欧元、10 欧元、20 欧元纸币背面珠光油墨印刷条状标记和 50 欧元、100 欧元、200 欧元、500 欧元背面右下角的光变油墨面额数字。

（2）二摸

一是摸纸张，欧元纸币纸张薄，挺括度好，摸起来不滑、密实，在水印部位可以感到有厚薄变化。二是摸凹印图案，欧元纸币正面的面额数字、门窗图案、欧洲中央银行缩写及 200 欧元、500 欧元的盲文标记均采用雕刻凹版印刷的，摸起来有明显的凹凸感。

（3）三听

用手抖动欧元纸币，真钞会发出清脆的声响，假钞的声音则较为沉闷。

（4）四测

用紫外灯和放大镜等仪器检测欧元纸币的专业防伪特征。

四、英镑鉴别方法

英镑是英国国家货币和货币单位名称。英国虽然是欧盟的成员国，但尚未加入欧元区，故仍然使用英镑。英镑主要由英格兰银行发行，亦有其他发行机构。英镑代码为 GBP，最常用于表示英镑的符号是 £。

1. 货币特点

英镑纸币分为 1 英镑（于 1988 年停止流通）、5 英镑、10 英镑、20 英镑和 50 英镑，所有面值的英镑纸币正面皆印有英国君主像、编号及面值，不同面值的纸币，背面则印有不同的英国名人像。英镑纸张洁白，正面较背面略光滑，不同面值的英镑纸张均有水印和一条金属线，水印层次多而清晰，金属线是由一条白色金属薄片从上至下放置在纸张的夹层之中。英镑纸币正面的英国君主像由手工雕刻，造型精细、肖像逼真，底纹采用凸版多色、隔色套印方法，线条变化多样。10 英镑纸币式样如图 6—5 所示。除纸币外，另有 1 新便士、2 新便士、5 新便士、10 新便士、20 新便士、50 新便士及 1 英镑、2 英镑的硬币。所有硬币正面皆为英国君主像，背面除铸有币值外，不同行政区所铸的硬币还铸有不同的图案。但不论硬币于哪个行政区铸造，皆全国通用。

图 6—5 10 英镑纸币式样

2. 真伪鉴别方法

（1）水印

每张英镑纸币都有一个水印，只有对光才能看到，图案是英国君主像。假英镑没有水印或虽有水印但模糊不清。

（2）手感

英镑纸币是用棉花做成的，而假币一般是用木浆做成的。另外英镑纸币正面有些字体和数字采用凸字印刷技术，用手触摸时有明显凹凸感。

（3）安全线

英镑纸币的纸张夹层中都隐藏着一条安全线，不仅有连续直线，而且有锯齿状安全线，其中 20 英镑为连续安全线，50 英镑为锯齿安全线。

 **技能点拨**

各国货币票面文字不同，票面图案设计也不一样，如果单纯从图案上去识

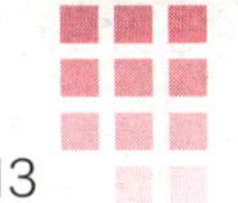

别，很容易混淆。例如，英镑、加元、新西兰元等英联邦国家的货币上都印有英国君主像，如果认为印有英国君主像的就是英镑，那就错了。也有一些国家的货币单位名称都相同，比如“元”，如果从货币名称上来确认货币国别，也容易出错。正确的做法是看外币票面上所印发行机构的名称，某一个国家或某国的中央银行发行的钞票，就是该国流通的货币。

第三节　外币兑换与外币折算

一、外币兑换

1. 外币兑换的概念

外币兑换是对个人客户提供的一项柜台服务，包括买入外币、卖出外币和一种外币兑换成另一种外币等服务。外币通常是指本货币体系之外的流通货币。目前我国银行可兑换的外币有英镑、美元、瑞士法郎、新加坡元、瑞典克朗、挪威克朗、日元、丹麦克朗、加拿大元、澳大利亚元、欧元、菲律宾比索、泰铢、韩元等十余种货币。

根据我国现行的外汇管理规定，通过合法渠道进行外汇与人民币的交换（即买卖）只有两种方式：一是通过经批准可经营外汇买卖业务的银行进行交换；二是通过中国外汇交易中心及其系统进行买卖。未经上述两个渠道的外汇与人民币买卖，无论比价如何，均属私自买卖外汇行为。私自买卖外汇行为是一种扰乱金融秩序的非法外汇买卖行为，是我国法律所禁止的。根据《中华人民共和国外汇管理条例》第四十五条规定，对私自买卖外汇的，由外汇管理机关给予警告，强制收兑，没收违法所得，并处违法外汇金额 30% 以上 3 倍以下的罚款。

2. 企业外币兑换的会计业务

（1）企业将外币卖给银行

企业将其所持有的外币卖给银行，银行按当日买入价折算成人民币付给企业。由于“银行存款（人民币户）”账户是按实得人民币记账的，而“银行存款

（外币户）”等外币账户是按当日市场汇价或当期期初市场汇价记账的，由此而产生的买入价与市场汇价的差额，记入“财务费用（汇兑损益）”。有些不允许开立现汇账户的企业，取得的外币收入必须及时地结售给银行，即为外币兑换业务。

（2）企业从银行买入外币

企业买入外币时，银行按卖出价计算并收取人民币。由于“银行存款（人民币户）”账户是按实付人民币记账的，而“银行存款（外币户）”等外币账户是按当日市场汇价或当期期初市场汇价记账的，由此而产生的银行卖出价与市场汇价的差额，记入财务费用（汇兑损益）。

二、外币折算

外币折算是指将不同的外币金额换算成同一本国货币（或特定的外币）等值的程序，是会计上对原有外币金额的重新表述。外币交易虽然是以某一外币来计量的，但会计在计量和记录时又要折算成作为同一计量尺度的货币来反映，即对外币交易要进行双重的计量和反映，也就是所谓的复币记账。显然，外币折算只是改变货币表述，即从一种货币计量单位重新表述为另一种货币计量单位，它与外币兑换有明显的不同。两者虽不同，但外币兑换和外币折算的基础或依据都是汇率。

在企业经济活动中，外币折算业务包括外币交易和外币财务报表的折算及相关信息披露，我国《企业会计准则第 19 号——外币折算》就会计业务处理做出了明确规范，属于专业会计范畴，本书不再涉及。

第四节　外币旅行支票

外币旅行支票是一种定额本票，专供旅游者购买和支付旅途费用使用，它与一般银行汇票、支票的不同之处在于旅行支票没有指定的付款地点和银行，一般也不受日期限制，能在全世界通用，持票人可以随时在国外的各大银行、国际酒店、餐厅及其他消费场所兑换现金或直接使用，是国际旅行常用的支付凭证之一。外币旅行支票是一种全球范围内被普遍接受的票据，在很多国家和地区都有着如同现金一般的流动性，不仅很多商场和酒店都支持外币旅行支票付款，而且可以在旅行地兑换为当地的货币使用。外币旅行支票式样如图 6—6 所示。

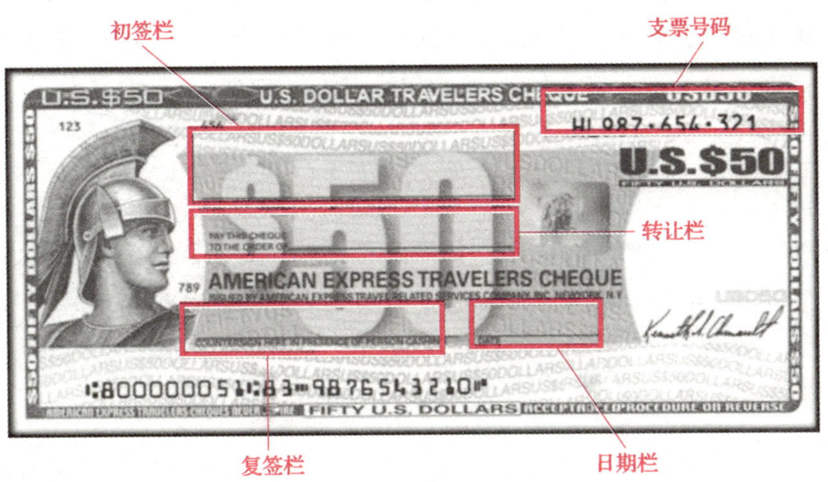

图 6—6　外币旅行支票式样

一、外币旅行支票的概念

外币旅行支票是指境内商业银行代售的，由境外银行或专门金融机构印制、以发行机构作为最终付款人、以可自由兑换货币作为计价结算货币、有固定面额的票据。

二、外币旅行支票的特点

1. 面额固定

各种外币旅行支票均有不同的固定面额，形似现钞，可以零星使用，比银行汇票方便。

2. 兑换方便

发行机构为了扩大外币旅行支票的流通领域，在世界各大城市和旅游地特约许多代兑机构，大大方便了持票人的兑取。持票人携外币旅行支票出游，不仅可以在旅行支票发行银行的代兑行兑取票款，而且可以在旅行社、酒店、机场、车站等地随时兑付。

3. 携带安全

旅游者购买外币旅行支票时，需在出售银行柜台上当面在外币旅行支票初签位置上签字，作为预留签字，取款时，需在兑付行的柜台上当面在外币旅行支票的复签位置上第二次签字，兑付行核对初签与复签相符后，方可付款。因此，外币旅行支票遗失或被盗，不易被冒领，比携带现钞安全。

4. 挂失补偿

发行机构规定，外币旅行支票不慎遗失或被盗，持票人可提出挂失退款申请，只要符合发行机构的有关规定，挂失人就可得到退款或补发新的外币旅行支票。

5. 流通期限长

外币旅行支票多数不规定流通期限，可以长期使用，并具有“见票即付”的特点，持票人可以在发行机构的国外代兑机构凭票立即取款。

三、外币旅行支票的购买

目前，全球通行的外币旅行支票品种有美国运通（American Express）、VISA（维萨）以及通济隆、MASTER（万事达）、花旗等品牌，而印有中国银行字样的上述外币旅行支票能够在世界各地 800 余家外币旅行支票代兑行兑换，或在各国的大型商店和酒店直接使用。和现金一样，旅行支票也有不同票面，以美元旅行支票为例，面值分为 20 元、50 元、100 元、500 元和 1,000 元。除最为常用的美元旅行支票外，客户还可根据需要在中国银行上海分行买到欧元、英镑、日元、澳元等币种的旅行支票，避免了兑换当地货币所带来的不必要的汇率损失。

购买外币旅行支票的费用通常为购买金额的 0.5%~1%，用外币现钞购买需支付汇钞差价费。根据规定，个人客户可以凭本人有效身份证件、具有前往国家或地区有效签证的护照或港澳地区通行证，用个人外汇账户购买额度内的外币旅行支票。

四、外币旅行支票的兑付

办理外币旅行支票兑付时，持票人需当着银行工作人员的面在已有初签的旅行支票上复签，初签与复签要相符。外币旅行支票持票人还需出示本人护照，经银行工作人员核实后，即可兑付。银行在兑付外币旅行支票时要扣收 7.5‰的贴现息，兑付手续与兑换外币相同。

中国银行一律不兑付转让的外币旅行支票，转让的外币旅行支票只能办理托收承付。

技能点拨

境外消费的资金使用方式对比

现金：使用最方便，手续也最简单。缺点是兑换时，现钞的牌价比现汇低，换得越多亏得越多。另外，使用现金安全性较低。

信用卡：目前我国支持境外消费的信用卡服务，以银联、VISA 和 MASTER 三个平台为主。若前往我国港澳地区旅游，选择银联卡比较方便，网点多而且还能直接刷人民币；如果去东南亚旅游，可选择 VISA 卡；去欧美国家旅游，可选择 MASTER 卡。信用卡的优点是安全、可透支、方便，缺点是在境外刷的当地货币如果不是美元，回国后还款会产生部分手续费，计算起来较麻烦。

外币旅行支票：持票人凭有效签名使用，也可以兑换成现金，和少量现钞结合使用，非常适合境外消费使用。外币旅行支票的优点是在很多场合可直接使用，面额较高，没有使用限期，缺点是有手续费。

练习题

一、单选题

1. 外汇是以（　　）表示的用于国际清偿的支付手段和资产。

A. 本国货币　　B. 外国货币

C. 外国有价证券　　D. 外国金币

2. 我国和世界上绝大多数国家和地区采用的汇价标价方法是（　　）。

A. 间接标价法

B. 直接标价法

C. 间接标价法为主，直接标价法为辅

D. 都可以

3. 若要将出口商品的人民币报价折算为外币报价，应采用（　　）。

A. 买入汇率　　B. 卖出汇率

C. 中间汇率　　D. 以上都不是

4. 美元纸张中含有（　　）色纤维丝。

A. 红、绿　　B. 黄、蓝　　C. 红、蓝　　D. 绿、蓝

5. 欧元纸币有（　　）种面额。

A．5　　B．7　　C．8　　D．6

二、多选题

1．外汇包括（　　）。

A．外国货币　　B．外币支付凭证

C．外币有价证券　　D．特别提款权、欧洲货币单位

2．汇率制度有两种类型，分别是（　　）。

A．固定汇率制　　B．钉住汇率制

C．浮动汇率制　　D．联合汇率制

3．我国香港特别行政区的钞票由（　　）发行。

A．香港上海汇丰银行　　B．香港渣打银行

C．香港东亚银行　　D．中国银行

4．构成外币票面的基本要素有（　　）。

A．货币版别　　B．图案　　C．货币券别　　D．发行机构

三、判断题

1．银行在买卖外汇时，要以较低的价格买进，以较高的价格卖出，从中获取营业收入。（　　）

2．直接标价法是固定外币的数量，本币数量随汇率变动。（　　）

3．鉴别外币真伪时，一般不使用直观对比法（手摸、眼看、耳听），而是直接使用仪器检测。（　　）

4．欧元在紫外光下，纸张无荧光反应。（　　）

5．外币旅行支票多数不规定流通期限，不能长期使用。（　　）

四、技能训练

某日，我国某进出口公司准备从美国进口一台设备，美国出口商采用两种货币报价。美元报价为USD 15,000.00，英镑报价为GBP 12,000.00。已知，当日人民币对美元和英镑的即期汇率分别为：

USD1=CNY6.372 6~6.452 1

GBP1=CNY8.255 5~8.401 3

假设只考虑即期汇率因素，在以上两种条件下，该公司应接受哪种报价?